MAPPLE まっぷる 哈日情報誌 高知 四萬十 足摺 室戶 CONTENTS ❶

高知市　香美
高知　馬路
高知機場✈　香南　安藝　北川
四國喀斯特　●梼原　須崎　室戶・安藝
●檮原　須崎●　　　室戶岬
四萬十・足摺・四國喀斯特
沖の島

U0096114

COLOR PLUS
繽紛日本

COLORFUL MY TRIP

定價 380 元

日本旅遊書達人「昭文社」全新系列
羅列適合拍照打卡、繽紛可愛的景點與店家
以繽紛亮眼的照片增添旅行樂趣，一起出發吧！

沖繩 慶良間群島

夏日風情的渡假島嶼
最適合安排小旅行

大阪

在熱鬧活力的商人之城
大吃美食享受購物樂趣

京都

Sweets!

從傳統靜謐的古都
感受不同的京都風貌

福岡 糸島

Tasty

前往熱鬧的九州都市
一探獨特的美食文化

東京

yummy

最新流行資訊都在這裡
新手老手都能挖掘全新樂趣

瀨戶內海 尾道 倉敷

坐擁山林、大海、
島嶼的絕美景致
讓身心暢快不已的度假地區

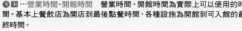

利用本書前請詳細閱讀下列事項

■本書刊載的內容為2023年6月～8月時採訪、調查時的資訊。
本書出版後，餐廳的菜單與商品內容、費用等各種刊載資訊有可能變動，也可能依季節而有變動、臨時休業的情況。因為消費稅的調高，各項費用可能變動，因此會有部分設施的標示費用為稅外的情況，消費之前請務必先確認。此外，因本書刊載內容而造成的糾紛和損害等，敝公司無法提供賠償，請在確認此點之後再行購買。

■各種資訊使用以下的方式刊載

✆…電話號碼　刊載的電話號碼為各設施的洽詢用電話號碼，因此可能會出現非當地號碼的情況。使用衛星導航等為設備查詢地圖時，可能會出現和實際不同的位置，敬請留意。

⏰…營業時間・開館時間　營業時間・開館時間為實際上可以使用的時間。基本上餐飲店為開店到最後點餐時間，各種設施為開館到可入館的最終時間。

🏠…公休日　原則上只標示出公休日，基本上省略過年期間、黃金週、盂蘭盆節和臨時休業等情況。

💰…費用・價錢
●表示入場時需要費用，基本上為大人1人份的費用。
●住宿費原則上是一般客房的1房費用，附餐點時則標示2人1房時1人份的費用。金額包含各種稅金、服務費在內的費用，但可能依季節、星期、房型等因素而有所變動，預約時請務必確認。

🚃…交通方式　原則上標示出最近的車站，所需時間僅為預估值，可能因季節、天候和交通機關的時刻表更動而有所不同。或是標示從最近的IC到設施的大約距離。

🅿️…停車場　標示出該設施是否有停車場，若有停車場基本上則會標示出「付費」（或標記費用）或「免費」，沒有則不特別標示。

記號索引
 景點　 玩樂　美食　咖啡廳　購物　溫泉

※本書中刊載的資訊可能會因各設施採取的新冠肺炎應對措施而修改，請事先確認最新的情況。

出發前一定要先確認！Part❶

高知旅行地圖

首先介紹出發前必須先知道的地理位置關係，掌握區域間的移動時間和實用資訊，為旅途做好準備吧！

從地圖 快速掌握高知

這裡就是高知的中心！
高知市
KOCHI CITY

前往坂本龍馬淵源之地「桂濱」，眺望白砂青松的絕景吧

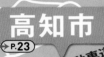

在北川村「莫內庭園馬摩丹」觀賞藝術般的庭園

高知市
P.23

高知自動車道

高知縣

別府峽

大杉

香美

德島縣

龍河洞

高知城 高知
のいち
香南

馬路

室戶・安藝
P.83

佐川 佐川
後免
土佐くろしお鉄道
安芸

安芸

北川

高知
伊野

高知空港

桂濱

奈半利

北川村「莫內庭園」馬摩丹

須崎 須崎

高知縣立牧野植物園

太平洋

窪川

室戶岬

高知在這裡！

想要先知道！ 高知的自豪之處

高知縣東西狹長，每個地區都有不同特色，縣內就可看到海、山、河交織出來的各種絕景。除了有被稱為仁淀藍的仁淀川，東部可有感受到地球氣息的室戶岬，西部有四萬十川、四國喀斯特、足摺岬等浩瀚壯觀的景觀，可在此兜風、參與活動來親身感受大自然。獨自孕育的豐富飲食文化也是高知的迷人之處，代表性料理就是鰹魚半敲燒，可搭配大量佐料沾鹽或醬汁享用。此外還有四萬十川和黑潮的山珍海味等各地極品美食雲集。高知美食在高知市內的弘人市場齊聚一堂，可將當地所有美味一網打盡。這裡還有根深蒂固的待客文化，皿鉢料理均以大盤子盛裝，能與大家共享，是備受當地人喜愛的鄉土料理。以幕末志士坂本龍馬為首，高知縣也有

許多歷史景點。像是龍馬特別喜愛的桂濱、現存12個天守之一的高知城，和植物分類學家・牧野富太郎博士的相關之地等，幾乎都集中在高知市內，建議可一起遊逛。另外還有江戶時代延續至今的露天市場──週日市場和仲夏祭典夜來祭等充滿活力的活動，都可以在南國・土佐盡情感受到這些熱情。

伴手禮 柚子加工品、美樂圓餅、帽子麵包、地瓜條

必吃美食 鰹魚半敲燒、黑潮海產、四萬十河產、土佐赤牛

入口即化的鰹魚半敲燒是必吃美食！

TOPICS

事前做功課的最強旅伴。「KOCHI TABINET」裡也會上傳各種詳細資訊！

介紹高知旅行

介紹高知深度旅遊的 MOTTO KOCHI

舉辦各種以高知縣為起訖點的當地導遊導覽之旅。除了鰹魚稻草燒體驗、週日市場散步等經典行程外，也有仁淀川清流之旅、遊逛四萬十川等以豐沛的大自然為舞台的路線。由司機負責導覽的「接待計程車」周遊方案也大受好評！

「MOTTO KOCHI」從這裡進入

使用附許多優惠特典的龍馬護照來旅行吧

在高知縣內的觀光設施等處出示龍馬護照，就有費用折扣或特典禮物。只要在護照裡集到3個章就能獲得特典，前往高知觀光前先做好功課吧。護照升級後的獎品也很豪華！

獲得方法

❶在龍馬護照申請書（申請明信片）上集滿3個章
❷拿到高知旅行廣場或寄送明信片，就能升級護照

高知市內的交通移動搭乘MY遊巴士最划算！

從JR高知站到五台山（牧野植物園）、桂濱等環繞高知市主要觀光景點的周遊觀光巴士。只要購買乘車券，搭乘路面電車（市內均一區間）或土佐電交通的路線巴士桂濱線（僅單程），則可享車費單程免費（五台山券除外），還可以獲得觀光設施等合作設施的特典。販售處在巴士車內、高知觀光資訊傳播館「Tosa Terrace」等處。

☎088-823-1434（高知縣觀光代表協會）
💴桂濱券1300円、五台山券900円

東西狹～長的高知 事先查好所需時間和距離

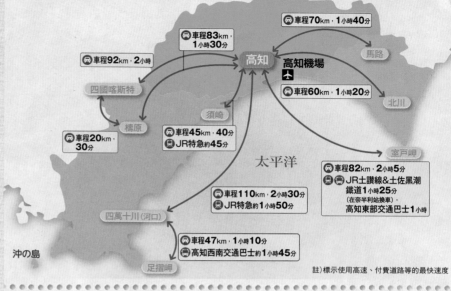

🚗車程70km，1小時40分
🚗車程83km，1小時30分
🚗車程92km，2小時
🚗車程60km，1小時20分
🚗車程20km，30分
🚗車程45km，40分／🚃JR特急約45分
🚗車程82km，2小時5分／🚃🚌JR土讚線&土佐黑潮鐵道1小時25分（在奈半利站換車），高知東部交通巴士1小時
🚗車程110km，2小時30分／🚃JR特急約1小時50分
🚗車程47km，1小時10分／🚌高知西南交通巴士約1小時45分

四國喀斯特／橫原／須崎／高知／高知機場／馬路／北川／室戶岬／太平洋／四萬十川（河口）／足摺岬／沖の島

註）標示使用高速、付費道路等的最快速度

愛媛縣

世界第一輛 DMV運行 ☑ TOPICS

DMV（雙模式車輛）是指可在軌道和馬路上運行的車輛。主要行駛於高知縣東洋町和德島縣海陽町，週六日、假日也會有往室戶方向班次！
☎0884-76-3700（宍喰站）

由阿佐海岸鐵路運營

四國喀斯特
橫原

四萬十・足摺・四國喀斯特

▶P.57

☑ 旅遊規劃時該注意的 POINT

● 第一次來高知旅行，可以先到這裡的入口——高知市。從機場搭機場接駁巴士到高知市約30分。
● 以高知市為主的觀光，只要半天～1天就夠了。若要跨足其他地區，最好安排2天1夜。
● 高知市的主要觀光景點都在車站或巴士站的步行範圍內，搭乘大眾交通工具即可觀光。
● 高知市以外的地區，景點散布在缺乏大眾交通工具的地方，開車移動會比較方便。
● 每年會有2次鰹魚盛產期，星期日會舉辦日本最大規模的露天市場——週日市場，最好看準時期和日期前往。

JR予土線
土佐くろしお鉄道
中村
四萬十川（河口）
宿毛
柏島
沖の島
龍串海域公園
足摺岬

位於四國最南端的足摺岬

5

Part ② 高知標準旅遊方案

2天1夜精選行程！

想要遊訪高知，首先前往高知市和仁淀川周邊。以下介紹可欣賞絕景以及享用經典美食的2天1夜旅遊行程。

在高知名勝和坂本龍馬像拍紀念照片

◆龍王岬有瞭望臺和海津見神社

第1天

1 桂濱
● かつらはま

龍頭岬和龍王岬之間有一片弓狀延伸的白砂青松名勝。龍頭岬上有一座高約5.3m的龍馬像凝望著太平洋，在此迎接來客。附近一帶規劃為公園，還有水族館、紀念館等景點。

➡ P.25

這裡是高知代表性的景觀勝地

2 桂濱 UMI NO TERRACE
● かつらはまうみのテラス

2023年3月於桂濱商業區開幕的複合設施。除了販售桂濱伴手禮的商店之外，還有可享用土佐赤牛等高知美食的店家，共由13個店面組成。

➡ P.26

在新誕生的複合設施裡尋找桂濱伴手禮

◆仿桂濱五色石的巧克力

◆也有很多外帶甜品

桂浜の五色石のちょこ

3 土佐タタキ道場
● とさタタキどうじょう

可自行用稻草燒烤早上捕獲的鰹魚！搭配大量佐料享用剛烤好而香氣四溢的烤鰹魚。有單點或附白飯、味噌湯的定食2種可選。

➡ P.36

自己烤出來的鰹魚半敲燒格外美味！

◆菜單只有自己烤的半敲燒

◆鰹魚半敲燒定食1600円

4 高知縣立牧野植物園
● こうちけんりつまきのしょくぶつえん

NHK連續電視小說《爛漫》主角的原型人物，就是高知縣出身的植物分類學家——牧野富太郎博士。這裡是表揚博士豐功偉業的植物園。

➡ P.10

在植物分類學家・牧野博士有淵源的植物園散步

◆中庭種植與博士相關的250種植物

check 牧野博士的故鄉——佐川町！
牧野博士誕生的佐川町，散布著綠意環繞的公園、與博士有關的景點、歷史悠久的酒造等，非常適合在此散步。

➡ P.14

◆熱帶植物茂密的溫室

GOAL
高知IC
車程25分／約15km

10 土佐和紙工藝村QRAUD
車程25分／約23km

9 淺尾沉下橋
車程25分／約18km

8 茶農家の店あすなろ
車程35分／約26km

7 笑淵
車程50分／約44km

6 週日市場
車程70分／約50km

第2天
住在高知市內

5 弘人市場
車程25分／約7km

4 高知縣立牧野植物園
車程20分／約8km

3 土佐タタキ道場
車程10分／約3km

2 桂濱 UMI NO TERRACE
即到

1 桂濱
車程25分／約15km

高知IC

START
第1天

7 笑淵
8 茶農家の店あすなろ
9 淺尾沉下橋
10 土佐和紙工藝村QRAUD
4 高知縣立牧野植物園
5 弘人市場
6 週日市場
1 桂濱
2 桂濱 UMI NO TERRACE
3 土佐タタキ道場

佐川　高知　後免
高知自動車道　土讚線

在充滿活力的露天市場暢享高知的早晨

第2天

←間苗（小）哈密瓜漬物
←炸地瓜1袋350円是週日市場的名產！

更加好玩的
旅行使用說明
Part②
高知標準旅遊方案

6 週日市場

● にちよういち

江戶時代開始持續了300年以上，是日本最大的露天市場。在最熱鬧的上午前來逛街購物、邊走邊吃吧。

➡P.38

5 弘人市場

● ひろめいちば

整天都很熱鬧的高知美食景點。約50間餐飲店和約10間物產店聚集於此，可品嘗到高知特有的美味和經典美食。

➡P.34

➡因為是美食廣場形式，有時會需要併桌

晚餐就在高知首屈一指的攤販村暢享高知美食

在神祕的瀑布潭邂逅令人感動的仁淀藍！

中津溪谷 ➡P.17

安居溪谷 ➡P.17

7 笑淵

● にこぶち

走樓梯穿過陡峭的山路後，流瀉在瀑布潭中的「仁淀藍」就會出現在眼前。就近欣賞會因不同時段變幻顏色的神祕之藍吧。

➡P.16

仁淀川的3個觀景點check！

仁淀川水質清澈，並閃耀著耀眼的藍色光輝。除了笑淵之外，中津溪谷和安居溪谷也能看到這幅絕景。

←製作完可當天帶回家

←體驗抄紙，設計花草圖案

在仁淀川沿岸的複合設施體驗抄紙工法

9 淺尾沉下橋

● あそおちんかばし

全長121m的沉下橋，倚著對岸的鎌井田村落呈現出一片美景。經常成為電影的取景地，是仁淀川的名景點之一。

➡P.17

↓沒有欄杆的構造為沉下橋

順道前來融入里山景色的沉下橋

↓可眺望仁淀川的露天座位

享用在仁淀川栽種的澤渡茶午餐

8 茶農家の店 あすなろ

● ちゃのうかのみせあすなろ

在仁淀川清流栽種澤渡茶的農家所經營。午餐就到可欣賞河景的露臺座，享用使用澤渡茶做出來的美味御膳吧。

➡P.18

↓あすなろ御膳1580円

10 土佐和紙工藝村QRAUD

● とさわしこうげいむらくらうど

體驗高知的傳統工藝——製作土佐和紙。使用仁淀川的水和構樹當原料，在土佐之地製作的和紙，稱為「土佐和紙」。

➡P.19

稍微走遠一點

如果還多1天，就在標準旅遊方案
加入 人氣區域 Plus!

高知還有非常多有魅力的地方,例如四萬十川、室戶岬、四國喀斯特等,以下將介紹第3天可遊訪的旅遊規劃♪

四國喀斯特·檮原 區域

遊訪喀斯特和隈研吾建築
首先前往四國喀斯特,在爽朗空曠的天空下兜風,再繞到檮原逐一遊訪隈研吾設計的建築景點。

高知IC
▼ 車程30分
須崎東IC
▼ 車程70分

11:30 在佇立於天狗高原繁星降下的村莊TENGU享用午餐 →P.81
▼ 即到
12:30 到四國喀斯特東側遼闊的 →P.81
天狗高原周邊散步

到處都是石灰岩!

▼ 車程10分
14:00 在位於大草原的咖啡攤 →P.80
カルスト珈琲
小憩片刻

澄淨的空氣好清新

▼ 車程35分
15:00 在隈研吾建築雲之上圖書館 →P.82
(檮原町立圖書館)感受木頭的溫度

以森林為意象的嶄新設計

▼ 即到
15:30 在公路休息站 ゆすはら →P.82
購買伴手禮!

▼ 車程1小時
須崎東IC
▼ 車程30分
往高知市

設這棟也是隈研吾設計的建築

南國·室戶 區域

刺激五感的雀躍景點
繞去南國的新景點後再前往室戶!通往室戶的國道55號,是沿著海岸線首屈一指的兜風路線。

高知市
▼ 車程20分
10:00 在海洋堂SpaceFactory南國 →P.53
接觸海洋堂的創作品

有一整排海洋堂的模型公仔

以太空船為概念的建築物

▼ 車程1小時35分
12:40 在老字號的料亭花月享用 →P.85
室戶名產紅金眼鯛丼

奢侈享用高級魚紅金眼鯛

▼ 車程10分
14:00 在巨岩奇石連綿的 →P.85
室戶岬散步

可從步道就近參觀奇岩

▼ 車程5分
15:00 也要繞去佇立於室戶岬前端的 →P.84
白色室戶岬燈塔看看

襯托太平洋顏色的現役燈塔

▼ 車程15分
15:45 在以特殊展示方法引起矚目的 →P.86
室戶廢校水族館
邂逅室戶近海的生物

在戶外游泳池飼養赤蠵龜

金魚在跳箱水族箱裡游著

▼ 車程1小時20分
芸西西IC
▼ 車程35分
往高知市

四萬十川 區域

盡情暢享四萬十川的魅力!
四萬十川的中游流域到下游流域有許多值得一看的景點,推薦可稍微走遠一點,開車到處逛逛。

四萬十川有豐富的河產!

高知IC
▼ 車程1小時10分
黑潮拳ノ川IC
▼ 車程45分

11:00 在四万十屋 →P.64
享用淡水河產♪
▼ 車程45分
13:00 參觀代表四萬十川的景色 →P.61
岩間沉下橋

四萬十川有48座沉下橋

▼ 車程10分
13:30 在公路休息站 よって西土佐 →P.68
購物&喝咖啡休息

品嘗有當季特色的美味蛋糕

當地蔬菜和加工品都很豐富

▼ 車程15分
15:00 搭乘四萬十川空中飛索 →P.62
感受刺激體驗!

橫越四萬十川

▼ 車程50分
四万十町中央IC
▼ 車程50分
往高知市

四國喀斯特
南國
檮原
室戶
四萬十川

以高知為舞台的電影和戲劇引起熱議！

高知縣出身的植物分類學家——牧野富太郎博士，成為2023年度NHK連續電視小說《爛漫》主角的原型人物。縣內除了有劇中外景地之外，還有很多與博士有淵源的景點。此外，這裡也是2021年動畫電影《龍與雀斑公主》的舞台，仁淀川和鏡川都有在故事中登場。

《龍與雀斑公主》的相關景點

↑女主角鈴在上下學時會經過的淺尾沉下橋。可看到鎌井田村落和仁淀藍，以及沉下橋交織出來的景色
淺尾沉下橋➡P.17

《爛漫》相關景點

↑牧野博士的故鄉。劇中使用佐川町當外景地，有許多跟博士相關的景點
佐川町➡P.14

↑表彰牧野博士功績的植物園。可觀賞到劇中登場的許多花草
高知縣立牧野植物園➡P.10

這裡也要CHECK！

2023年6月於佐川町開幕的公路休息站。使用町產米穀粉製作的年輪蛋糕非常有人氣。
牧野先生的公路休息站·佐川➡P.15

2023年3月重新開幕
丸之內綠地 ★ まるのうちりょくち

可仰望高知城天守的休憩廣場誕生了！

高知城下的丸之內綠地重新整備後，成為充滿開放感的休憩廣場，可邊仰望高知城的天守閣邊野餐，度過隨心所欲的時光。

☎088-823-9469（高知市都市建設部綠化課） ⏰自由參觀 📍高知市丸ノ内1 🚃土佐電交通高知城前電車站步行5分 🅿1小時370円 MAP 47C-3

↓護城河環繞的公園

可以玩樂以馬為主題的遊具

KOCHI Racecourse

2023年4月重新開幕
Bababa Park ★ ババパパーク

↑年齡層廣泛的遊戲區

高知賽馬場附設的遊戲區廣場。長型溜滑梯和以馬為主題的乘坐設施等共有64種，適合一家大小前來遊玩。也有依照嬰、幼兒等年紀分區域，可安心遊玩。

☎088-841-5123（高知縣賽馬公會） ⏰視高知賽馬場舉辦日程有所變動（確認官網） 休無休 💴免費使用 📍高知市長浜宮田2000 高知競馬場內 🚗高知IC車程12km 🅿免費 MAP 49B-4

傳遞宗田節柴魚魅力的公路休息站

↑有許多宗田節柴魚加工品的商店
↓在SODABUSHI Cafe享用宗田節高湯茶泡飯

2023年4月重新開幕
公路休息站 めじかの里・土佐清水 ★ みちのえきめじかのさととさしみず

以地方特產宗田節柴魚為主題的公路休息站，全面整修後重新開幕。這裡有「SODABUSHI Cafe」羅列使用大量宗田節高湯的菜色；「ミサキキッチン」是可品嘗土佐清水海產的餐廳，以及販售鮮魚和農產品的「シーマート土佐清水」。 ➡P.71

2023年7月開幕
SOUTH HORIZON BREWING ★ サウスホライズンブリューイング

在高知新港該區開張的複合設施。在可參觀的精釀啤酒廠裡，附設了啤酒餐廳、商店和咖啡的自家烘豆所。有使用高知縣產柚子和鹽的「Junos Pandemic」等6種精釀啤酒。

☎050-5536-0309 ⏰11:00～20:00 休無休 📍高知市仁井田4712-5 🚗高知IC車程13km 🅿免費 MAP 48D-4

↑在餐廳可品嘗到使用當地食材的料理、甜點

前往啤酒廠，品嘗來自港鎮的精釀啤酒

↓建於充滿開放感的港口地區

以「購物、美食、學習、休憩」為主題的桂濱新名勝

UMI-NO TERRACE

↑UMI-NO TERRACE可當作休息區自由使用

2023年3月正式開幕
桂濱 UMI-NO TERRACE ★ かつらはまうみのテラス

由桂濱商業區改裝而成，有3間伴手禮店和多家餐飲店進駐的複合設施。除了高知名產之外，還有很多想讓人外帶品嘗的甜點。腹地中央有休憩廣場，是熱鬧的桂濱新名勝。 ➡P.26

↑以桂濱為形象的甜點

牧野博士 是這樣的人

日本的植物分類學之父

1862年誕生於現在的高知縣佐川町，在豐沛的大自然中，從小便靠著自學研究植物。在日本首次發表新種學名，一生中共為1500種以上的植物命名，奠定了日本的植物分類學基礎。

對推廣活動的熱情

自行學習石版印刷技術，除了學術誌從製作原圖，到編輯、校對全部親力親為之外，還發行了至今仍深受愛好者喜愛的導覽手冊《牧野日本植物圖鑑》等，也會舉辦觀察會和演講活動，培育後進。

對實地調查研究的堅持

為了採集植物，在交通尚未發達的年代，就踏遍沖繩以外所有都道府縣和台灣、舊滿州。過了80歲仍在進行田野調查，一生中蒐集的標本高達40萬件。

（收藏：高知縣立牧野植物園）

↑部分圖和擴大圖畫得精緻縝密的植物圖稱為「牧野式」

↑採集植物時，襯衫加蝴蝶結領帶是基本配備

（照片提供：高知縣立牧野植物園）

↑在展示館的中庭欣賞橫倉木和野路菊等跟博士相關的植物吧

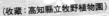

高知縣出身的植物分類學家

牧野博士的 CLOSE UP 之旅

2023年NHK連續電視小說《爛漫》主角的原型人物，就是高知縣出身的植物分類學家——牧野富太郎博士。一起來看看博士的功績，以及博士所愛的花草，遊逛與博士有關的景點吧！

表揚牧野博士功績的植物園 CLOSE UP

高知縣立 牧野植物園

● こうちけんりつまきのしょくぶつえん

占地約8ha的綜合植物園。宛如自生般栽種的花草數多達3000種以上，完美融入五台山的大自然裡。除了可在溫室、多樣化的庭園觀賞植物外，還有介紹博士生涯的展示館等豐富景點。建築師·內藤廣設計的建築物也值得注目。

☎088-882-2601
🕐9:00～16:30（有休園保養期）
休無休
¥入園費730円
所高知市五台山4200-6
JR高知站搭MY遊巴士約30分，牧野植物園正門前下車即到　P免費

MAP 49C-2

↺50周年紀念庭園和溫室

↑使用高知縣工藝品的土佐灰泥、土佐和紙等的設計也值得注目

介紹博士生涯

A. 牧野富太郎紀念館 展示館

常設展示館分成4個年代介紹博士生涯，展示著博士親手畫的植物圖（複製），以及可得知博士為人的多張照片。中庭裡種植了博士曾命名或畫過植物圖的250種相關植物。

10

植物研究交流中心 的樂趣

培育未來的博士
B. 植物研究交流中心

為了讓更多人知道植物資源的有用性，於2023年5月誕生。被暱稱為「研究室露台」，除了有具備開放研究室的研究設施之外，還附設培育未來博士的「兒童實驗室」等。3樓可環視整個園區，內有餐廳和商店。

商店&餐廳資訊在 ➡ P.13

牧野博士的
CLOSE UP
之旅

開放實驗室

世界級的研究機構，相當著名的植物園。進行植物的最新效用調查和栽培實驗，可透過窗戶參觀實際研究的模樣。

⬆以中藥為原料的生藥保管標本庫

兒童實驗室

活用可接觸多種植物的植物園特性，設計了各式各樣的活動項目。來用顯微鏡觀察植物，進行植物研究的模擬體驗，或透過科學來探索植物。

2023年5月
開幕！

⬆從正門進來即到

親身感受高知的大自然
D. 土佐的植物生態園

分成4個區域分別介紹四國山地到室戶、足摺等海岸地區，變化豐富的高知植物生態。

⬇木頭甲板中央種植了充滿魄力的台灣桂竹

宛如叢林的世界
C. 溫室

高度約17m的玻璃帷幕溫室裡，熱帶植物叢生，宛如一座叢林。綠之塔的正中央種植了蕨類植物，外牆上則是種植一整片雀榕的藝術空間。

⬆以大樹樹洞為概念的綠之塔
➡一整年都可以看見熱帶植物

半室外空間的建築物
E. 牧野富太郎紀念館 本館

位於入園大門口的建築物，用木頭甲板建造的中庭裡栽種了以牧野博士之名當作學名的「台灣桂竹」（*Phyllostachys makinoi*）。本館由圖書室和五台山大廳等設施購組成。

商店&餐廳資訊在 ➡ P.13

↑身為象徵的「仙台屋」櫻樹，樹齡高達60年以上
→手持高大環柄菇的牧野博士銅像建於園內中央

F. 50周年紀念庭園

美麗的水景庭園

建造於竹林寺宿坊遺址的庭園。活用起伏複雜的地形，栽種為人熟知的園藝品種。春天會有櫻花和杜鵑花的同類盛開，更加華麗繽紛。

夜間開園 活動也要CHECK

夏天會舉行「夜間植物園」活動，能夠觀察夜間盛開的植物。詳細資訊請確認官網。

（照片提供：高知縣立牧野植物園）

G. 嗯嗯廣場

可在體驗型的展覽中邊學習邊觀賞

「土佐田」可觀察高知餐桌會出現的蔬菜植物，而「交流庭園」則可觸聞植物，共有3個區域構成這個愉快學習廣場。

↑邊觀賞一邊「嗯嗯」唸唸有詞地學習
→可摘下薄荷葉來聞聞看

→讓博士揚名國際的關鍵物種──食蟲植物，每年開花數次，約1～2小時，可在展示館中庭看到。

露蔘

→博士從小就特別喜愛的花，1～2月開花，群生於迴廊的石牆上

賞婦杜鵑

五葉黃蓮

→博士在橫倉山（P.15）發現，並以和式名稱命名。盛開於連接本館和展示館的迴廊，10月是賞花期

H. 混混山廣場

景色絕佳的休息場

位於園內海拔最高的地方，可一覽高知群山和市區。春天有花田，秋天可看到草原的百花盛開。

（照片提供：高知縣立牧野植物園）

地圖標示：
薬用植物区
さくら・つつじ園
芝生広場
牧野富太郎紀念館展示館 A
展望台
嗯嗯廣場 G
回廊 170m
カンナ＆ローズ園
牧野富太郎像
混々山
お馬路
少年広場
結網山
蛇紋岩植生區
石灰岩植生區
混混山廣場 H
連絡道 335m
展望台
土佐寒蘭センター
牧野富太郎紀念館本館 E
南園
50周年紀念庭園 F
溫室 C
竹林寺前バス停
咖啡廳 アルブル
植物商店 nonoca
植物研究交流中心
中門
B
南門（關閉中）
土佐的植物生態園 D
正門
第1駐車場
第2駐車場
藝廊 C.L.GARDEN
牧野植物園商店 サクラ
牧野植物園正門前巴士站

12

SHOP

⬆手帕1條1980円。筆觸溫柔的插圖以博士為意象,好可愛

⬆漩渦圖案磁鐵550円。以博士名字中的「の」為設計的標誌

⬆明信片165円。有多種Asakozirusi設計的橡皮擦版畫款式

⬆原創保溫瓶「五葉黃蓮」3850円。圖案為博士在佐川町畫的五葉黃蓮植物圖

植物研究交流中心
牧野植物園商店 サクラ

以「從各種角度研究牧野博士」為概念,販售博士使用過的鉛筆品牌和顏料等研究用道具。畫有植物圖的原創商品也很受歡迎。

⬆Makino original blend tea 各324円。以博士相關的植物為主題的香草茶

⬆畫有五葉黃蓮植物圖的土佐茶餅乾1080円

植物圖資料夾495円。博士畫的植物圖宛如一幅藝術畫

⬅觀察放大鏡套組3630円。以博士愛用的研究道具為主題

本館
植物商店 nonoca

有很多以季節性植物的盆栽和花草為主題的創作者作品、明信片等,也有植物圖鑑和牧野博士相關的書籍。

牧野博士的 CLOSE UP 之旅

牧野植物園的商店&美食

GOURMET

⬅咖啡香蕉蛋糕4400円、柚子蘇打450円(蛋糕搭配套餐折100円)

本館
咖啡廳 アルブル

有綠意環繞的露台座咖啡廳。提供每日替換的蛋糕和自家製糖漿飲料等,歡迎來此享受咖啡時光。
⬅鄰接植物商店nonoca

植物研究交流中心
餐廳 C.L.GARDEN

地點在植物研究交流中心3樓,可眺望南園的餐廳。有許多盡可能採用當地食材的餐點,可品嘗到早餐、午餐、甜點等美味。

⬆可一覽四季更迭的庭園

從山腳下的市場進貨的魚料理午餐-義式水煮魚-附白飯、沙拉 2100円

牧野公園
まきのこうえん

以和博士相關的400種植物為主，栽種了許多山野草和園藝品種花卉的休憩場。因博士從東京贈送「染井吉野櫻」的幼苗而成立的公園，現在是著名的賞櫻勝地。

☎0889-20-9500(佐川觀光協會)
🚶自由參觀　📍佐川町甲2458　🚉JR佐川站步行10分　🅿免費　**MAP 14**

繼承牧野博士意志的場所

🌸冠鱗笹百合
↑綠色葉子搭配白色花朵，姿態優雅的笹百合，6月開花

百足蘭
↑博士命名的植物。附著在岩面和樹皮上的多年草本植物。7月上旬到中旬開花

前往牧野博士的故鄉 **CLOSE UP**

佐川町 巡遊

佐川町步行MAP

佐川町是這樣的地方

藩政時期土佐藩主・山內家的首席長者深尾所建蓋的城下町。由於明治時代的政治家・田中光顯等偉人輩出，也是著名的「文教之町」。牧野博士是造酒商「岸屋」的獨生子，老家遺址所在的「酒藏之道」現在有許多改建酒藏和商家而重生的商店和咖啡廳，在此散步會有許多樂趣。

大正軒
うえまち駅
牧野富太郎故鄉館
金峰神社
名教館
司牡丹酒造キリン館
酒藏の道
佐川驛
舊濱口家住宅
(舊青山文庫)
佐川文庫庫舍
酒ギャラリーほてい
司牡丹酒造
牧野公園花見棟
青山文庫
牧野公園

周邊圖P.103A-4

精選和牧野博士相關的著名景點

↑展示博士在東京住處愛用的抽屜等

←離牧野公園非常近

青山文庫
せいざんぶんこ

收藏、展示佐川貴重的歷史資料

展示佐川町出身、從幕末志士變成宮內大臣的田中光顯所捐贈的藏書等貴重資料。除了幕末志士的相關歷史資料之外，也會舉行介紹牧野博士的特別展。

☎0889-22-0348
🕘9:00～16:30
🚫週一(逢假日則翌日休)、更換展覽期間
💴入館費400円
📍佐川町甲1453-1
🚉JR佐川站步行10分
🅿免費
MAP 14

博士在名教館接受最先進的教育→

名教館
めいこうかん

明治偉人輩出的學習會

江戶時代為深尾家的家塾，牧野博士和田中光顯等偉人輩出。現在僅玄關處保留當時的模樣，重新復原的館內會透過立牌介紹佐川町出身的偉人。

☎0889-20-9500(佐川觀光協會)
🕘9:00～17:00
🚫週一(逢假日則翌日休)
💴免費入館
🚉JR佐川站步行7分
🅿使用免費觀光停車場
MAP 14

牧野富太郎故鄉館
まきのとみたろうふるさとかん

位於牧野博士出生之家遺址的紀念館

在重現部分出生之家的建築物裡，展示了博士愛用的圓規和書信等。整個空間重現了牧野博士年幼時期度過的房間，相當值得一看。

☎0889-20-9800
🕘9:00～17:00
🚫週一(逢假日則翌日休)
💴免費入館
📍佐川町甲1485
🚉JR佐川站步行8分
🅿使用免費觀光停車場
MAP 14

(※)…牧野富太郎故鄉館、名教館、青山文庫、舊濱口家住宅自2024年4月以降，週一公休(逢假日則翌日休)

充滿植物的景點 CLOSE UP

前往博士拜訪過的地方

植物寶庫被稱為牧野博士的「學校」

杉原神社有樹齡500年以上的巨木林立

→牧野博士在日本最初發現、命名的標準木留存在此

牧野博士的 CLOSE UP 之旅

順道來這裡逛逛 ✿

橫倉山自然之森博物館
● よこぐらやましぜんのもりはくぶつかん

展示牧野博士在橫倉山所發現植物的模型等。並展示在橫倉山採集的化石、岩石實物來解說橫倉山的形成。

📞0889-26-1060　⏰9:00～16:30
休週一(逢假日則翌日休)　💴入館費500円　所越知町越知丙737-12　いのIC車程26km　P免費　**MAP 103A-3**

↑世界級建築師‧安藤忠雄設計的建築

橫倉山
●よこぐらやま

以前是修行的信仰聖地,有日本常綠橡樹的原生林等稀有植物在此生長。牧野博士曾數度前來採集,故橫倉山上有許多博士發現、命名的植物。山路險峻,最好穿著方便活動的裝扮。也很推薦參加高山健行之旅和導遊一起參訪。

📞0889-26-1004(越知町觀光協會)
⏰自由參觀　所越知町橫倉山　いのIC車程36km(到橫倉山第3停車場)　P免費　**MAP 103A-3**

鐵鎖嚴

←群生於洞窟入口的蕨類植物,博士有留下在伊尾木洞採集過的記錄

伊尾木洞
● いおきどう

受到海浪侵蝕、長約40m的海蝕洞。洞窟前方有40種以上的蕨類植物茂密叢生,形成一片神祕光景。牧野博士也曾留下來訪紀錄,採集了3種蕨類植物。詳情➡P.92

前往 ➡ 服務處可免費借用防水長靴,安心

蕨類植物覆蓋的神祕洞窟

步行約15分可到有小瀑布流淌的最深處

稍微走遠一點

2023年6月開幕

牧野先生的公路休息站‧佐川
● まきのさんのみちのえきさかわ

大量使用縣產木材的館內,有新鮮蔬果的產地直銷市場,販售地酒和當地產品。此外,可品嘗到山豬肉和海產的「西村商店」、製作販售用米穀粉做的年輪蛋糕的「gochisou Lab.KOCHI」等店也進駐在內。有很多木製玩具的「佐川玩具美術館」也鄰接於此。

📞0120-117-188　⏰8:00～18:00(視店舖而異)　休無休　所佐川町加茂2711-1　伊野IC車程17km　P免費　**MAP 103A-4**

順道來這裡逛逛 ✿

大正軒
● たいしょうけん

1913年創業的鰻魚料理專賣店。不斷添醬繼續使用的祖傳醬汁,刷在厚片鰻魚上相當入味。採2人以上的預約制。

↑鰻魚飯盒(中)2970円

📞0889-22-0031　⏰11:30～14:00、17:00～19:00
休週日　所佐川町甲1543　JR佐川站步行7分　P免費　**MAP 14**

酒ギャラリーほてい 司牡丹酒造
● さけギャラリーほていつかさぼたんしゅぞう

1603年創業的造酒廠。使用祖傳技術和仁淀水系的伏流水製作的日本酒是淡麗辛口。

↑以牧野博士為形象的特別純米酒「與花相戀」360ml960円

📞0889-22-1211(司牡丹酒造)
⏰9:30～13:00、13:45～16:30
休無休　所佐川町甲1299　JR佐川站步行6分　P使用免費觀光停車場　**MAP 14**

舊濱口家住宅
● きゅうはまぐちけじゅうたく

濱口家住宅是繁盛的酒造商家,改造為咖啡廳、伴手禮店家入駐的觀光據點,「佐川地乳」相當受歡迎。

↑登記為國家的有形文化財

📞0889-20-9500(佐川觀光協會)　⏰9:00～17:00(咖啡廳10:00～16:00)　休週一(逢假日則翌日休)　所佐川町甲1472-1　JR佐川站步行7分　P使用免費觀光停車場　**MAP 14**

為神祕的仁淀藍感動！

想在仁淀川做的事情 3選

以下介紹享受仁淀川的3種玩樂方式。遊訪被稱為仁淀川3大景點的溪谷和河景咖啡廳，親身感受仁淀川之美！

1 仁淀藍交織而成的 絕景巡遊

笑淵
にこぶち

要走樓梯穿過陡峭山路到瀑布潭名勝。「仁淀藍」這個名稱由攝影師高橋宣之所命名，他曾讚賞：「這片藍簡直就是仁淀藍。」

☎088-893-1211（伊野町觀光協會）　🕐自由參觀　🏠いの町程野　🚗伊野IC車程40km
🅿免費　MAP 103B-2

位於祕境的神祕瀑布潭

仁淀川是什麼？

連接太平洋的一級河川
從四國深山跨越縣內7個市町村，最後注入太平洋。是總長124km的一級河川。

形成仁淀藍的原因
陡峭的地形導致流速快，硬石多，泥沙、碎片等雜質不易殘留，加上水溫是水藻難以繁殖的溫度，故能維持高透明度。

8月中旬～1月中旬是最美的時候
雖然一整年都可以看到被稱為仁淀藍的景色，但在這個季節是最明顯的時候。色彩會隨著時段和氣候變化，變成藍色、綠色、群青色。

View Spot
瀑布潭
隨著太陽的位置會變化成綠色或藍色。光線灑落的正午時分是最美的時刻

仁淀川 Map

從高知市內出發，車程約30分可抵達位於仁淀川下游的伊野町！

周邊圖 P.103・104

- 笑淵 P.18
- 池川茶園工房 Cafe P.18
- 安居溪谷
- 仁淀川町
- 土佐和紙工藝村 QRAUD P.19
- 名越屋沈下橋
- 屋形船 仁淀川 P.18
- COCAGE Villa FUKUYA P.18
- 中津溪谷
- 高知アイス売店
- 中津溪谷 ゆの森 P.97　越知町 P.18
- 伊野町 紙的博物館 P.19
- 淺尾沈下橋
- 茶農家の店 あすなろ P.18
- 土佐和紙 PAPER LABO P.19 土佐市

1day 標準行程

伊野IC
— 車程48km／60分 —
安居溪谷
— 車程27km／40分 —
茶農家の店 あすなろ
— 車程8km／10分 —
中津溪谷
— 車程20km／30分 —
淺尾沈下橋
— 車程14km／20分 —
屋形船 仁淀川
— 車程18km／25分 —
伊野IC

View Spot
水晶淵
仁淀川首屈一指的絕景景點。河川非常透明，可看到河底。隨著光的角度變化的色彩也很美麗

View Spot
防沙水壩
位於水晶淵後方的隱藏名勝。從水壩上流下來的水簾和極為清澈的池水是必看景點

縦書き: 仁淀川 首屈一指的透明

安居溪谷
▲ やすいけいこく
位於仁淀川支流「安居川」的溪谷。在仁淀川流域當中也特別透明，有水晶淵、防沙水壩、回眸瀑布、飛龍瀑布等知名景點散布於此。
☎0889-35-1333（仁淀川町觀光協會）
🕐自由參觀　🅿仁淀川町大屋　🚃伊野IC車程47km　🅿免費　**MAP** 103A-2

◎落差30m的兩段式瀑布「飛龍瀑布」

縦書き: 想在仁淀川做的事情 3 選

中津溪谷
▲ なかつけいこく
走在從雨、溪谷的溪流創造出來的奇岩和橋上眺望激流等，在約2.3km的步道上，可觀賞到各式各樣的景色。
☎0889-35-1333（仁淀川町觀光協會）　🕐自由參觀　🅿仁淀川町名野川　🚃JR佐川站搭黑岩觀光巴士34分，名野川下車步行10分　🅿免費　**MAP** 104E-1

View Spot
雨龍瀑布
大量的水從落差20m處流瀉而下，拍打在奇岩上的模樣令人拍案叫絕
◎步道整備完善，穿著休閒輕鬆的裝備就可前來

Guide Tour!
中津溪谷和安居溪谷都有舉辦導覽行程，會介紹仁淀川的必看景點和相關知識等。
☎090-8696-7707（仁淀川町的觀光研究會）　¥6000円，第3人起追加3000円。《預約》到2天前的17時

縦書き: 從步道眺望 大自然的藝術品

沉下橋×仁淀川的美景也要 CHECK

沉下橋是什麼？
指沒有設置欄杆的橋。仁淀川共有6座沉下橋，各有不同的風情。

淺尾沉下橋
あそおちんかばし
全長121m，四面環山，可看到一整片日本的原生風景。和對岸的鎌井田村落交織出來的景色美不勝收，經常成為電影或戲劇的外景地。
☎0889-26-1004（越知町觀光協會）　🕐自由參觀　🅿越知町鎌井田　🚃伊野IC車程30km　**MAP** 103A-3

名越屋沉下橋
なごやちんかばし
連接日高村和伊野町，架於仁淀川下游。寬3m，長191m，是仁淀川中最長的沉下橋。
☎050-3204-1996（日高村觀光協會）　🕐自由參觀　🅿いの町勝賀瀬〜日高村名越屋　🚃伊野IC車程14km　**MAP** 103B-3

17

高知アイス売店
▲ こうちアイスばいてん

招牌餐點是使用高知特產、約有30種口味的冰淇淋。可品嘗到使用土佐次郎雞蛋的霜淇淋和使用縣產生薑、柚子的甜點等。

☎ 090-3787-8511　⏰ 11:00～16:30（週六日、假日為10:30～17:30）　休第2、4週一（逢假日則翌日休）、7、8月無休　📍いの町柳瀬上分807-1　🚃JR伊野站搭縣交北部交通巴士25分，和田下車即到　🅿 免費　**MAP** 103A-3

↖土佐次郎香草霜淇淋385円
↖生薑戚風蛋糕飲料套餐605円

ViewPoint
透過店內的大窗戶，可眺望如畫般的仁淀川

冰淇淋專賣店製作的甜點

ViewPoint
可眺望仁淀川的露台座開放感極佳

在露台座享用茶點午餐＆甜點

茶農家の店 あすなろ
▲ ちゃのうかのみせあすなろ

在仁淀川河畔栽種澤渡茶的茶農家經營的咖啡廳。使用香氣濃郁和茶味較重的澤渡茶做的餐點，常備有15種午餐和甜點等品項。

☎ 0889-36-0188　⏰ 10:00～15:30（冬季為11:00～）　休週四（冬季為週四、五）　📍仁淀川町鷲ノ巢224-6　🚃伊野IC車程50km　🅿 免費　**MAP** 104E-1

↖澤渡茶奶油拿鐵、澤渡茶冰沙各680円
↖大量使用當地食材的あすなろ御膳1580円

↖季節烘烤塔派500円

2 在河景咖啡廳 小憩片刻

池川茶園工房Cafe
▲ いけがわちゃえんこうぼうカフェ

品項有7種茶和茶畑布丁等，都是茶農家特有的餐點。茶畑芭菲是放有綠茶巧克力等自家製茶點心的人氣甜點。

☎ 0889-34-3100　⏰ 10:00～18:00　休不定休　📍仁淀川町土居甲695-4　🚃伊野IC車程45km　🅿 免費　**MAP** 104E-1

↖購買茶或布丁當伴手禮
↖茶畑芭菲CREMIA煎茶950円。歡迎搭配池川一番茶·霧薰一起享用

ViewPoint
從露台座可眺望仁淀川和茶田。4月中旬的新茶季可看到一整片綠意盎然的景色

可眺望茶田和河川景色的里山咖啡廳

ViewPoint
彷彿位於河川上方的露台座是特等席。店內也設有大片窗戶，充滿開放感

在洗練的空間享用手工午餐

COCAGE Villa FUKUYA
▲ コカゲヴィラフクヤ

在以仁淀川景色為主角的咖啡廳，可品嘗到堅持手工製作的正統洋食午間套餐，以及當地甜點師傅監修的蛋糕等。另外還附設可眺望仁淀川的遛狗場。

☎ 088-821-6353　⏰ 11:00～16:30　休週三（需在SNS上確認）　📍いの町神谷3572-1　🚃伊野IC車程10km　🅿 免費　**MAP** 103B-3

↖menu cocage1380円～。主食可從肉類和魚料理中選擇

3 製作的土佐和紙
接觸用仁淀川清流

想在仁淀川做的事情3選

土佐和紙是什麼？
使用仁淀川澄淨的水和構樹當原料，在土佐之地製作的和紙總稱為「土佐和紙」。

以土佐和紙為主題的公路休息站

土佐和紙工藝村 QRAUD
とさわしこうげいむらくらうど

建於仁淀川河畔的體驗型複合設施，可在實習館進行土佐和紙的抄紙和織布等工藝體驗，還有販售號稱世上最薄的土佐典具帖紙。另有附設餐廳和飯店。

📞088-892-1001 ⏰9:00～16:00(視設施而異) 休週三(逢假日則翌日休、視設施而異) 所いの町鹿敷1226 交JR伊野站搭縣交北部交通巴士15分，岩村下車即到 P免費 **MAP** 103B-3

體驗資訊
期間	全年
時間	9:00～16:00，需時約60分(無需預約)
體驗費用	600円(明信片8張)

挑戰體驗土佐和紙抄紙！

❶使用竹簾木框將水瀝出
體驗抄紙的「沉降法」。先用竹簾木框撈出造紙原料，再將水徹底瀝出

❷將和紙從木框裡揭下
將和紙移動到板台上。揭下和紙時要緊緊壓住木框，才不會讓形狀散掉

❸選擇裝飾用花草
從季節的花材和野草中，挑選出喜歡的款式

❹將花草配置在明信片上
將選定的花草自由配置在明信片上

❺完成♪
使用機器壓縮後，乾燥30分鐘即可完成

伊野町紙的博物館
いのちょうかみのはくぶつかん

除了展示土佐和紙的歷史之外，還有可參觀、體驗抄紙過程的博物館。在商店也有販售和紙雜貨。

📞088-893-0886 ⏰9:00～16:30(手抄紙體驗報名～16:00) 休週一(逢假日則翌日休) ¥入館費500円 交JR伊野站步行10分 P免費 **MAP** 103B-3

土佐和紙 PAPER LABO
とさわしペーパーラボ

販售豐富土佐和紙的專賣店

販售土佐和紙的紙製品、雜貨的和紙專賣店。1樓有和紙雜貨，2樓可購買和紙的特價品。

📞088-892-4010 ⏰10:00～17:00 休週日 所いの町4010 交JR伊野站步行10分 P免費 **MAP** 103B-3

❶有信箋、信封等許多土佐和紙製品

❷種類豐富的和紙雜貨

手抄紙體驗區(照片提供：伊野町紙的博物館)

傳遞和紙魅力的博物館

❸介紹過去抄紙用的道具

❹展示土佐和紙相關的歷史資料

在清流盡情暢玩！河上活動

屋形船
屋形船 仁淀川
やかたぶねによどがわ

在河寬20～50m左右，流速穩定的中游區域緩緩而下。從船上可看見在清澈河裡游泳的魚。好好享受這趟來回約2km的船上之旅吧。

📞0889-24-6988 所日高村本村209-1(乘船場) 交JR伊野站搭縣交北部交通巴士25分，柳瀨營業所下車步行20分 P免費 **MAP** 103B-3

體驗資訊
期間	全年	時間	9:00～、10:10～、11:30～、13:00～、14:30～、16:00～(12～翌年2月需在一日前預約，需時約50分)
休息目	視天候和河川狀況停航	乘船費	2000円

獨木舟
土佐和紙工藝村 QRAUD
とさわしこうげいむらくらうど

可搭乘獨木舟沿著仁淀川順流而下，欣賞河景。半日行程會在教授完操作方法後，在流速較穩定的中游區域划行，初學者也能安心遊玩。

📞088-892-1001 集合地點在いの町鹿敷1226 土佐和紙工藝村QRAUD **MAP** 103B-3

體驗資訊
期間	4～10月底	時間	9:20～、13:20～(電話預約制，需時約3小時)
休息目	期間無休	體驗費用	5500円～(旺季+500円)

從蛋包飯到甜點，應有盡有！
前往 蕃茄 之村──日高村 ～高知縣日高村～

まっぷる 地區應援 企畫

#全力應援地區推薦景點！

MAPPLE將全力應援閃耀的 \WEB也有介紹!/ 「地區推薦景點」！
大家何不透過遊覽地區推薦景點來參加「地區應援」呢？

MAPPLE
旅遊指南

日高村運用長日照和晝夜溫差栽種番茄，是番茄的一大產地。尤其是番茄的砂糖番茄，是在細緻的品質管理下栽種的砂糖番茄、水果番茄，更是濃縮了甜味和鮮味，是農家自豪的美味。在2014年開始的「蛋包飯街道」活動中，由村內10家店鋪提供使用村產番茄和蔬菜製作的特色蛋包飯，到2024年3月前，還舉辦了集章活動。更有許多使用規格外番茄製作的加工品和甜點等，可透過多元美味，感受日高村番茄的魅力。

想品嘗傳統正統派蛋包飯的話就來這裡

仁淀川流域中的小村莊──日高村盛產番茄。當中通過嚴格標準的「砂糖番茄」味道濃郁，大受好評。歡迎來吃吃看各個店家使用特產番茄製作的美味蛋包飯！

MAPPLE編輯部
KATO

日高村的番茄是？

除了糖度在7以上等通過嚴格標準的砂糖番茄之外，水果番茄和大玉番茄等品質也很高。

水果番茄的盛產季是在冬～春！

A カフェレスト マンマ亭

可品嘗到7種蛋包飯的洋食店。「傳統蛋包飯套餐」980円，薄煎卻入口即化的蛋，和可感受番茄風味的雞肉飯搭配絕佳。

霧山茶園
きりやまちゃえん

在仁淀川附近擁有一片廣大茶田

自豪的「霧山茶」魅力在於香氣和圓潤的美味，有很多種類。並未附設商店，可體驗焙煎茶葉等樂趣。
📞0889-24-4615 🕐9:00～17:00（僅體驗）🏠休週日（週六可商量）📍日高村柱谷382-23
🚗伊野IC車程13km
Ｐ免費
MAP 103B-3

↑茶葉可在村之站ひだか（P.21）等處購買

3960円 體驗製作茶罐和自製茶（預約制）

芋屋金次郎 日高本店
いもやきんじろうひだかほんてん

附設工廠的地瓜條專賣店

使用從契約農家進貨的地瓜，製作地瓜條和地瓜片等地瓜零食。這裡的招牌名產是剛出爐的地瓜條，既鬆軟又酥脆可口。
📞0889-24-7476 🕐10:00～19:00 🏠休無休 📍日高村本鄉573-1 🚃JR日下站步行3分 Ｐ免費
MAP 103B-3

↑窯出布丁250円
↑特撰地瓜條 200g500円

↑高知市內也有卸団地店（P.40）

日高村的遊逛方式

可從高知搭鐵道前往，在區域內的景點和店家散布在各處，開車移動會比較方便。至少保留半天到1天來觀光比較安心。國道33號沿線有許多可品嘗蛋包飯和番茄料理的店家。稍微走遠一點，就可接觸到仁淀川和大瀧山等大自然。

推薦！順道景點

🚃鐵道
需時約40分
430円

高知站
｜
土讚線
約40分
｜
日下站

🚗開車
需時約25分
440円

高知IC
｜
高知自動車道
｜
伊野IC
｜
33 約11.5km
｜
村之站ひだか

A カフェレスト マンマ亭
カフェレストマンマてい
📞0889-24-7916
🕐8:00～15:00（蛋包飯為11:00～）售完打烊
🈂週日 📍高村下分1706-1
🚃JR小村神社前站步行即到
🅿免費 **MAP**103B-3

B レストラン高知
レストランこうち
📞0889-24-5739
🕐9:00～20:30（蛋包飯為11:00～）🈂無休
📍日高村岩目地713
🚃JR岡花站步行20分
🅿免費 **MAP**103B-3

C とまとすたんど
📞0889-24-4004
（日高WANOWA會，僅平日）
🕐10:00～15:00 🈂週四 📍日高村本鄉1478-9　村之站ひだか内 🚃JR岡花站步行7分
🅿免費 **MAP**103B-3

D 村之站ひだか
むらのえきひだか
📞0889-24-5199
🕐8:00～18:00 🈂無休
📍日高村本鄉1478-9
🚃JR岡花站步行7分
🅿免費 **MAP**103B-3

E Eat&Stay とまとと
イートアンドステイとまとと
📞0889-39-2000
🕐10:00～14:00（週六日、假日為～15:00）
🈂週二 📍日高村下分1889-1
🚃JR小村神社前站步行即到
🅿免費 **MAP**103B-3

可遇見當地美味的 村落廚房

D 村之站ひだか
「番茄味噌」650円和種類豐富的「義大利麵醬」830円、「番茄果醬」500円等規格外番茄加工品都是人氣的伴手禮。也有販售當季蔬菜、熟菜、地瓜條等。

以番茄為主題的 咖啡廳&Guest House

E Eat&Stay とまとと
使用3顆番茄的「熱情咖哩」1200円，是使用規格外水果番茄的無水咖哩，濃郁的鮮味和香料相得益彰。附設青年旅館，方便作為旅遊據點。

B レストラン高知
從和洋中式餐點到甜點，豐富多元的菜色皆大獲好評。「南國土佐蛋包飯」1100円用熱騰騰的陶器盛裝什錦燴飯、醬汁、炸鰹魚和番茄。

可品嘗到高知海山河產美味的 熱騰騰蛋包飯

C とまとすたんど
村之站ひだか裡的番茄咖啡廳。除了蛋包飯之外，還有淋上番茄泥的「霜淇淋」250円，以及搭配天日鹽的「番茄100%果汁」450円等豐富的番茄餐點。

使用番茄加工品，提供豐富多彩的菜色

ⓘ晴天時可看到橫倉山和石鎚山

大瀧山
おおたきやま
到保留民間故事和信仰歷史的 小高山上健行
海拔247m的小高山上，有許多人前來健行。過去曾是修行的信仰聖地，故沿路上有許多石佛，彌漫著靈山的氛圍。
📞050-3204-1996（日高村觀光協會）🕐自由參觀
📍日高村九頭 🚃伊野IC車程14km 🅿免費
MAP103B-3

ⓣ位於レストラン高知的腹地內
ⓑ仁淀藍果凍420円

屋根の上のガチョウ
やねのうえのガチョウ
在童話般的祕境咖啡廳 享用甜點
以英國湖區為概念的法式甜點店咖啡廳。可品嘗到使用仁淀川流域的水果等當地產食材製作的蛋糕和烤點心。
📞0889-24-5579 🕐10:00～18:30（外帶～19:00）
🈂無休 📍日高村岩目地713 🚃JR岡花站步行20分
🅿免費 **MAP**103B-3

感受沿線的魅力！
搭乘觀光列車的悠閒之旅

眺望車窗外的景色，品嘗當地美味，搭乘可體驗沿線魅力的觀光列車，來趟小旅行！透過充滿特色的觀光列車，感受不同於日常的體驗吧。

1號車 KUROFUNE

以象徵幕末歷史的「黑船」為主題，外觀的設計是以蒸氣船為概念。

以明治時期的裝飾為概念

從車窗可一覽太平洋！

2號車 SORAFUNE

讓人聯想到坂本龍馬等人所夢見的黎明時代。車廂內是以通往未來的「夢想」為主題。

以空想科學中的太空船為概念　車廂內充滿高級感

土佐電交通

在高知市內移動可使用土佐電交通的路面電車和路線巴士。牧野植物園、桂濱等觀光景點ги搭MY遊巴士（P.5）較為方便。使用MY遊巴士車票可無限搭乘路面電車市內均一區間（200円區間）。

☎ 088-833-7121（土佐電交通 電車輸送課）
¥ 市內均一區間230円、電車一日乘車券（市內均一區間）500円（有電子票）

搭乘路面電車前往弘人市場和高知城等室內景點也很方便

土佐黑潮鐵道

有從JR後免站往安藝方向的後免‧奈半利線，以及從JR窪川站往中村方向行駛的中村‧宿毛線。後免‧奈半利線還可欣賞沿海風景的開放式甲板車輛！

☎ 0887-34-8800（安藝站）
¥ 東高知1日自由乘車券2300円（JR高知站～JR後免站‧後免‧奈半利線全線）

設有開放式甲板車輛的觀光列車慎太郎號、彌太郎號

鐵道之旅的好夥伴！
地方路線也要CHECK

志國土佐 時代黎明物語號
しこくとさときのよあけのものがたり

能夠親身感受到大自然交織而成的景色、豐富美食、土佐人的溫暖等，充滿高知魅力的豪華觀光列車。以週六日、假日為主，列車之旅往返於高知站和四萬十町的窪川站之間，樂趣多多，沿線居民的招待也是魅力之一。

行駛 週六日、假日（行駛日請在官網確認）　行駛時間（下行）10:02高知站發車～12:04抵達土佐久禮站～12:32抵達窪川站／（上行）13:10窪川站發車～13:50土佐久禮站發車～16:07抵達高知站 ※2024年11月時　費用 車資、餐點費用等需在官網確認　預約 乘車日的1個月前在JR綠色窗口等處販售，餐點需在乘車日4天前事先預約

招待Point
下行會提供當地主廚以創意料理形式烹煮的高知鄉土「皿鉢風料理」。上行則是沿線人氣店家各自提供一道料理，匯集在四萬十檜木的容器中。

招待Point
當地人揮手送行和在停車站的歡迎儀式相當溫馨。可在此好好享受沿線各地區特色的招待。

還有許多充滿特色的高知觀光列車！

予土線3兄弟　詳細資訊在 ➡ P.63

行駛於四萬十川沿線予土線的3種觀光列車總稱。搭乘不同主題的車廂，來趟暢遊四萬十周邊的列車之旅吧。行駛於高知縣窪川站～愛媛縣宇和島站之間。

詳細資訊在 ➡ P.63

▪鐵道HOBBY列車

©柳瀬嵩／福祿貝爾館‧TMS‧NTV

▪四萬小火車

▪海洋堂HOBBY列車 滿載河童號

土讚線 麵包超人列車

作為JR土讚線特急「南風」的一部分運行，到處都畫有麵包超人的列車。到高知站等處購買麵包超人便當，在車內享用也是一大樂趣。

詳細資訊在 ➡ P.56

高知市
こうちタウン

在南國土佐的城下町，
逛遍與龍馬有關的景點，
暢享土佐美食

首先推薦這裡！
高知城
土佐24萬石的地標
山內一豐所建蓋的
南海名城非看不可
➡P.30

access

高知機場	機場聯絡巴士 ⏱25～35分 ¥900円	高知機場	🚌	往高知市
高知站	JR土讚線特急「南風」 ⏱2小時25～45分 ¥6470円	岡山站	🚃	
	384 249 44 3km	高知IC	🚗	
佐川站	JR土讚線特急「足摺」 ⏱25分 ¥1920円	高知站	🚃	往仁淀川周邊
	33 20km	伊野IC	🚗	
野市站	JR土讚線、土佐黑潮鐵道 ⏱30分 ¥590円	高知站	🚃	往香南
香南	364 32 11km	南國IC	🚗	
後免站	JR土讚線 ⏱15分 ¥330円	高知站	🚃	往南國
	45 32 5km	南國IC	🚗	
土佐山田站	JR土讚線 ⏱約30分 ¥430円	高知站	🚃	往香美
	195 31 32 18km	南國IC	🚗	

CONTENTS

夜來祭
2萬名舞者身穿華麗服飾，充滿活力舞動的土佐仲夏祭典 ➡P.42

桂濱
面對雄偉太平洋的景觀勝地。有龍馬像和水族館等許多值得一看的景點 ➡P.24

週日市場
約300間攤販連綿、充滿活力的日本最大街頭市場 ➡P.38

以身為土佐藩城下町而興盛的高知市為中心。龍馬像佇立的桂濱，和日本現存唯一完整保有本丸建築群的高知城是主要的觀光景點。郊外還有麵包超人相關設施、動物園、植物園。還可以順便接觸夜來祭、週日市場等高知代表性的傳統文化。

洽詢專線
高知市觀光魅力創造課 ☎088-803-4319
高知觀光資訊傳播館「Tosa Terrace」 ☎088-879-6400
伊野町產業經濟課 ☎088-893-1115
香南市商工觀光課 ☎0887-50-3013
南國市商工觀光課 ☎088-880-6560
香美市觀光協會 ☎0887-52-8560

坂本龍馬深愛的景觀勝地

桂濱Guide

高知數一數二的名勝「桂濱」是坂本龍馬的故鄉，也據說是他特別深愛的地方。遊逛完龍馬相關的景點後，再到新開幕的複合設施走走吧！

提到桂濱就會想到本大爺！

Check! 觀景台

有石頭打造的小祠堂早高神社，從觀景台可眺望桂濱畫出的美麗弧線。

Check! 海津見神社

建於龍王岬前端的神社，專門保佑海洋、漁業、商業、戀愛成就，深受眾人信仰。

Check! 五色石

從仁淀川流入海中，被海浪拍打上岸的石頭。特色是有紅、綠、白等繽紛的顏色。

坂本龍馬像

◆ さかもとりょうまぞう

為了讓龍馬的功績長傳後世，在當地青年的募款下，於1928年完成此像。凝望著太平洋遠方肅然而立的龍馬像，讓人感受到維新志士的凜然英勇。

☎088-841-4140（桂濱公園管理事務所）🕐自由參觀　**MAP** 49C-4

⬆高約5.3m，包含台座約13.5m，十分有魄力！

龍馬像近在眼前！

每年會有2次期間限定設置和龍馬視線同高的臨時觀景台，參觀費100円。

龍馬歷史

1835年11月15日出生於高知城下。為了磨練劍術，19歲便前往江戶，27歲加入土佐勤王黨，之後脫藩。31歲成立龜山社中，經營海運業和購買武器的仲介，並讓原本水火不容的薩摩藩和長州藩結成薩長同盟，致力於「大政奉還」，讓幕府交還政權。明治時代前夕在京都近江屋受到襲擊，與中岡慎太郎一起遭到暗殺，享年33歲。

高知縣立坂本龍馬紀念館

◆ こうちけんりつさかもとりょうまきねんかん

面臨太平洋、介紹坂本龍馬的紀念館

位於桂濱海濱的高台上，使用龍馬及其盟友相關的貴重資料、影像來介紹龍馬的生涯和豐功偉業。新館展出能瞭解龍馬人格特質和足跡的信件，以及一級歷史資料，可藉此認識龍馬生涯和活躍的歷史背景。本館以使用了復元模型和動畫的體驗型展覽「幕末廣場」為主，可愉快學習龍馬和幕末史的相關知識。

☎ 088-841-0001 ⏰ 9:00～16:30 休無休 ¥參觀費700円（更換展覽期間為500円）🚌高知市浦戶城山830 🚃JR高知站搭土佐電交通巴士40分，龍馬記念館前下車步行2分 Ｐ免費 **MAP** 49C-4

每年會舉辦4次企劃展，詳細資訊請看官網

新館　由介紹龍馬和約翰萬次郎的3個展示室，以及用影像介紹龍馬的劇院空間構成。

本館　由幕末廣場和幕末寫真館、商店等組成，可從宛如船上甲板的屋頂眺望宏偉的太平洋。

⬆展出龍馬手寫信件等的常設展示室

⬆「幕末廣場」屬於使用動畫的體驗型展覽

桂濱水族館

◆ かつらはますいぞくかん

大人小孩都能邊玩邊學習

居家的氣氛和充滿魅力的生物，以及獨特的呈現方式都相當吸引人。

☎ 088-841-2437 ⏰ 9:00～17:00（視時期而異）休不定休 ¥入館費1600円 🚌高知市浦戶778 桂浜公園內 🚃JR高知站搭土佐電交通巴士40分，桂浜下車步行5分 Ｐ使用桂濱公園停車場（1次400円）**MAP** 49C-4

⬆可遇見風格獨特的生物

代表吉祥物「OTODO」

新景點登場！

桂濱

◆ かつらはま

龍馬像聳立在此 高知數一數二的名勝

龍頭岬和龍王岬之間呈一片弓狀延伸的白砂青松名勝。附近一帶規劃為桂濱公園，有坂本龍馬像和桂濱水族館等景點散布其中。同時也是著名的賞月名勝，獲選為日本的海濱百選和朝日百選。

☎ 088-841-4140（桂濱公園管理事務所）⏰自由參觀 🚌高知市浦戶6 🚃JR高知站搭土佐電交通巴士40分，桂浜下車步行5分 Ｐ使用桂濱公園停車場（1次400円）**MAP** 49C-4

照片提供：高知縣觀光代表協會

桂濱NEWS

2023年3月位於桂濱公園商業區的「桂濱 UMI-NO TERRACE」全面重新開幕，成為有餐飲店、伴手禮店、博物館進駐的休息區。詳細資訊請看P.26

漫步在桂濱MAP

マンテンノホシ 桂浜店

◆ マンテンノホシかつらはまてん

可品嘗龍馬形象的焙茶芭菲、大福、糰子串等津野町焙茶甜點。
🕘9:00〜17:00

遊玩方法 2
外帶也很OK
甜點時光

◎滿天星大福霜淇淋 660円

テンカフェ広場 桂浜

◆ テンカフェひろばかつらはま

有芭菲和手作蛋糕、輕食的開放式咖啡廳。可品嘗到使用國產牛和四萬十豬肉等的BBQ。
🕘10:00〜17:00
（週六日、假日為9:00〜）

◎柚子芭菲750円

◎冰淇淋300円

岩松冷菓

◆ いわまつれいか

鄰近桂濱的海岸，位於本濱休息站內的外帶專賣店。連續約60年間在桂濱販售的冰淇淋甜味清爽可口。
🕘9:30〜16:30（視時期而異）

桂濱博物館

◆ かつらはまミュージアム

介紹曾經可一覽整個桂濱的浦戶城，以及流傳坂本龍馬相關事蹟等的桂濱歷史和高知傳統文化。附設於SHIP'S MARKET內。
🕘9:00〜17:00　💴入館免費

◎住在桂濱的柴田啓子插畫家所畫的桂濱

遊玩方法 3
學習桂濱知識！

桂浜美食館 神

◆ かつらはまびしょくかんじん

有鰹魚和土佐赤牛等縣內各地美食雲集。鰹魚半敲燒會在點餐後用稻草燒烤。
🕘10:00〜18:00

◎鰹魚稻燒半敲燒定食 1780円

遊玩方法 1
享用高知美食當午餐

Bellmare

◆ ベルマーレ

可品嘗到使用大川村土佐八金地雞的漢堡、炸豬排蛋三明治等自家製餐點。可外帶。
🕘8:30〜17:30

◎土佐八金地雞漢堡900円、桂濱蘇打600円

◎うみさち特上拉麵1700円

うみさち

點餐後會在高雅無油的湯頭裡放入生貝類的招牌拉麵，以襯托出貝類的鮮味。網烤系列也很受歡迎。
🕘10:00〜17:00（貝類售完打烊）

前往桂濱 UMI-NO TERRACE！

來到桂濱，就要前往新開幕的複合設施
「桂濱 UMI-NO TERRACE」走走！這裡介紹多種遊玩方法。

桂濱 UMI-NO TERRACE

かつらはまうみのテラス

誕生於桂濱公園商業區的複合設施。由餐廳、咖啡廳、伴手禮店等13個設施構成。腹地中央的休息區擺設著「桂濱」紀念碑，可在此享用外帶美食順便放鬆休憩。

☎088-841-4140（桂濱公園管理事務所）
🕘8:30〜18:00（視店鋪而異）　休無休
🏠高知市浦戶6 桂浜公園內
🚃JR高知站搭土佐電交通巴士約40分，桂浜下車步行5分
🅿️使用桂濱公園停車場（1次400円）
MAP 49C-4

柚美菓 柚子 640円
以柚香等柑橘類當作提味，使用縣產柚子的風味。

MODERNCA玉手箱 甜菜糖 600円
經典的MODERNCA系列有咖啡、草莓等8種口味

桂濱 狄尼洛 吉祥物 1320円
以鯨魚為造型的桂濱官方吉祥物

桂濱 五色石巧克力 650円
五色石形狀的巧克力。入口即化

Shop List

A MODERNCA
◆ モダンカ
開發了多種地瓜條口味的專賣店，也有販售龍馬後裔經營的咖啡店「才谷屋」烘焙的咖啡。
🕘 9:00～17:00

B SHIP'S MARKET
◆ シップスマーケット
提供點心和桂濱原創商品等的大型店鋪。附設戶外活動廣場和桂濱博物館。
🕘 8:45～17:30

C SOUVENIR SHOP BOOTS
◆ スーベニアショップブーツ
陳列多達700種伴手禮，高知地酒種類尤其豐富，販售縣內14家釀酒商的酒。
🕘 8:30～17:30

KENPICHEN 柿種米果×地瓜條 450円
甜甜的地瓜條和香氣四溢的柿種是絕佳搭配

特級松露 700円
除了松露之外，還有起司、椰子等具備高級感的口味

鹽味奶油 甜甜圈 4個裝 920円
室戶的海洋深層水鹽和奶油風味美味可口。也可單個220円購買

桂濱月亮蛋糕 6塊裝 650円
做成月亮形狀的卡士達西點。是賞月名勝桂濱特有的名產

也可購買一盒（330円），自選3種地酒

龍馬 鹽味汽水 270円
使用了高知縣產的天日鹽，味道清淡爽口

桂濱 UMI-NO TERRACE 純米酒3瓶組 2190円
將UMI-NO TERRACE員工推薦的3種酒做成套組♪

稍微走遠一點 **前往高知美食雲集的複合設施「土佐之鄉」**

選購高知的「美味」當伴手禮

土佐之鄉

日本國內最寬敞的直銷處「JA農夫市場とさのさと」，以及匯集高知美食的選貨店「とさのさとAGRI COLLETTO」組成的複合設施。從伴手禮到高知的生鮮美食都很適合在此一起購買！
🚃 JR高知站搭土佐電交通巴士5分，北御座下車即到
🅿 免費 MAP 49C-2

とさのさとAGRI COLLETTO
販售縣內34個市町村3000件以上的高知伴手禮。除了有高知共18間釀酒商的地酒，還有以牧野博士為主題的伴手禮。
👉 番茄燉煮香菇鰹魚500円等

▲WAGURI BAKE 1160円
📞 088-803-5015
🕘 10:00～19:00（餐廳為～20:00）🏠 高知市北御座10-10

JA農夫市場とさのさと
以獨自的系統從縣內各地網羅鮮度絕佳的產品，包括蔬菜、水果、鮮魚、加工品等，種類很豐富。
📞 088-878-8722
🕘 9:00～19:00
🏠 高知市北御座10-46
👉 有高知當地特色的「大野芋莖」

來吃高知發祥的美食！

鍋燒ラーメン がろ～
須崎市名產鍋燒拉麵專賣店。濃郁的雞骨醬油湯頭與細麵交織在一起，歡迎趁熱享用。
👉 鍋燒拉麵990円～

週日市場的炸地瓜
由於週日市場眾所熟知的炸地瓜店常設店提供，甜甜的麵衣和酥脆的地瓜，令人想拿來當零食享用。
👉 炸地瓜440円～

❶ 龍馬生地紀念館

●りょうまのうまれたまちきねんかん

使用影像和模型介紹龍馬出生到脫藩的青年期經歷，以及上町的歷史、文化。除了有展示龍馬相關的實物資料之外，還有重現龍馬出生時代的街景、人民的VR劇場，以及龍馬成長過程的體驗區。

MAP 47A-4
📞 088-820-1115
🕐 8:00～18:30
休 無休(2個月有1次臨時休館) 費 入館費300円 所 高知市上町2-6-33 地 土佐電交通上町1丁目電車站即到 P 免費

認識龍馬的生平和半生

龍馬歷史

龍馬常在第2個母親的娘家川島家跟姊姊·乙女一起出去玩。川島家的當家就看過地球儀，龍馬遺時是個外國通，龍馬遺時持濃厚興趣。對聆聽外國的事情，對其抱

在以坂本家別館為概念的空間，和龍馬以及乙女的人偶一起拍照

由土佐步的觀光導覽員來解說！

中庭有坂本龍馬、乙女、近藤長次郎的座像

用插圖介紹龍馬的相關軼聞

在龍馬出生的高知市來趟龍馬之旅

龍馬在青年期之前，都生活在高知城附近的上町。
這裡有當地導遊「土佐步」會解說介紹
龍馬故鄉的景點

❼ 坂本家墳墓
永福寺
望月清平·龜彌太跡
·弘瀬健太邸跡
池內藏太邸跡
江ノ口川
❸ 秋葉神社
❷ 坂本龍馬誕生地
上町五丁目　上町四丁目　上町二丁目　上町一丁目　枡形
とさでん交通伊野線
旭町一丁目
才谷屋跡
→はりまや橋
❶ 龍馬生地紀念館
朝倉駅前
近藤長次郎邸跡
·魚の棚
水天宮
❹ 龍馬郵局
河田小龍塾跡
水丁場
·大堤
月の瀬橋
❺ 日根野道場遺跡
月の瀬橋
❻ 鏡川
周邊圖 P47·49

龍馬的故鄉「上町」是什麼？

位於高知城西側，整備完善並有許多下級武士和工匠匯集的熱鬧城市。龍馬在這個地區誕生，雖然19歲離開此地前往江戶學劍術，但在青年期，都是在此地生活。可說是龍馬的故鄉。

前往龍馬景點

可以和三志士像拍紀念照！位於JR高知站南口的高知觀光據點

高知旅廣場

●こうちたびひろば

擺放超過400種觀光小冊子的觀光服務處「Tosa Terrace」。也有設置牧野博士相關的小冊子專區。週六日、假日會舉辦夜來祭等豐富多彩的活動。

MAP 46E-1
📞 088-879-6400(高知觀光資訊傳播館「Tosa Terrace」)
🕐 8:30～18:00 休 無休 費 免費入園 所 高知市北本町2-10-17 地 JR高知站即到 P 1小時200円(在とさ屋消費1000円以上則2小時免費)

建築物前立有三志士雕像

とさ屋販售高知特產、菓子、當地周邊等種類豐富的伴手禮

土佐步 ●とさっぽ

跟著當地導遊一起遊逛龍馬史蹟的城市散步型導覽之旅。路線有龍馬誕生路線和大政奉還路線等8種，種類豐富。會夾雜土佐腔來介紹龍馬相關的小故事。

📞 088-820-1115
(龍馬生地紀念館)
時間 9:30～13:30～
※舉辦路線因日而異
費用 參加費700円～
人數 每個路線10名
預約 電話預約制
集合地點 高知市上町2-6-33
龍馬生地紀念館

由我來負責導覽

③ 秋葉神社
あきばじんじゃ

悄悄佇立在住宅區一隅的神社。離龍馬出生地很近，據說龍馬少年時期經常來這裡玩耍。主要是祭祀防火神明。

少年時期的龍馬經常玩耍的地方

據說這間神社當時的腹地比現在還要寬敞

MAP 47A-4
☎ 088-803-4319（高知市觀光魅力創造課）
🕐 自由參觀　📍高知市上町1-8-1
🚃 土佐電交通上町1丁目電車站步行5分

碑文是由吉田茂元首相所寫

步行3分

② 坂本龍馬誕生地
さかもとりょうまたんじょうち

龍馬的出生位址，現在遺址一隅建蓋了上町醫院，旁邊立有標示龍馬誕生地的石碑，每年11月15日龍馬誕生祭都會有很多人來獻花。

MAP 47A-4
☎ 088-803-4319
（高知市觀光魅力創造課）
🕐 自由參觀　📍高知市上町1-7　🚃 土佐電交通上町1丁目電車站即到

前往龍馬出生 成長的地方

龍馬歷史 龍馬出身自富商「才谷屋」一分家，過著非常富裕的生活，據說自幼便擁有高度的文化教養。

石碑對面的長椅上畫有龍馬的家紋

步行3分

步行3分

有滿滿龍馬的郵局

④ 龍馬郵局
りょうまゆうびんきょく

日本首間以實際存在的人物命名的郵局，入口和郵筒上都有龍馬像。只要向櫃台申請，就可蓋上有龍馬像和誕生地石碑風景的日期章。

MAP 47A-4
☎ 088-823-4782
🕐 9:00～17:00
🈁 週六日、假日
📍高知市上町1-8-18
🚃 土佐電交通上町1丁目電車站步行5分
🅿 免費

要蓋風景日期章，需購買或自行攜帶63円以上的郵票或明信片

入口處有大大的龍馬像在迎接

當地造型卡各189円

步行3分

郵筒上有龍馬、地球和桂濱海浪的模型！

⑤ 日根野道場遺跡
ひねのどうじょうあと

據說龍馬14到19歲這段期間曾於此道場學習劍術。雖然他小時候被認為是膽小鬼，但在此磨練劍術後，成了知名劍豪。

MAP 47A-4
☎ 088-803-4319
（高知市觀光魅力創造課）
🕐 自由參觀　📍高知市上町
🚃 土佐電交通上町1丁目電車站步行10分

在過去的道場遺跡，林立著石牆環繞的住宅

龍馬歷史 傳說龍馬時常在這間道場喊著「再一次！再一次！」勇於挑戰。他在19歲時進入江戶三大道場之一的千葉定吉道場門下，繼續精進劍術。

讓龍馬顯露劍術才能的道場

⑥ 鏡川
かがみがわ

流經日根野道場遺跡前方的河流。據說龍馬小時候，就是姊姊乙女在這裡教他游泳。

MAP 47B-4
☎ 088-803-4319
（高知市觀光魅力創造課）
🕐 自由參觀　📍高知市上町
🚃 土佐電交通上町1丁目電車站步行10分

春天河床上櫻花盛開

據說龍馬曾在這裡練習游泳

步行即到

⑦ 坂本家墳墓
さかもとけぼしょ

位於上町西北部、被稱為丹中山的區域，擁有江戶時代起就是墓地山的悠久歷史。龍馬的父親、哥哥、姊姊乙女等坂本家一族的墳墓也在此。

☎ 088-832-7277　**MAP** 49B-2
（高知市民權·文化財課）
🕐 自由參觀
📍高知市山手町　🚃 土佐電交通上町5丁目電車站步行7分
🅿 免費

龍馬的曾祖父那一代後，都在此地長眠

步行20分

坂本家一族長眠之地

高知城

完全導覽

高知城 ●こうちじょう

MAP 47 B-3

☎ 088-824-5701
（高知城管理事務所）

🏠 高知市丸ノ内1-2-1 高知公園內　🚋 土佐電交通高知城前電車站步行5分

🅿 1小時370円

開門時間
9:00～16:30

休息日
12月26日～1月1日

費用
天守・本丸御殿（懷德館）入館費420円

官方網站
https://kochipark.jp/kochijyo/

高知城有15棟重要文化財等諸多值得一看的景點。掌握必看景點，開始走走逛逛吧！

拍照景點

這裡不得了！

可沉浸在江戶時代氣氛中的珍貴拍照景點

全國僅剩3座城池同時保有江戶時代的天守和追手門。務必要將兩者同時收入1張照片裡。城的正面可以看到威風凜凜的追手門以及建於高台上的天守，兩者組合非看不可。

在穿過追手門前先來拍照

本丸的建築物
東多聞
過去當作武器庫來使用的地方。現在用來展示立體透視模型

本丸的建築物　**重文**
黑鐵門一
舉辦儀式時讓藩主出入的門。門上釘著許多鐵板。

本丸內還保留著11棟建築物

本丸的建築物
本丸御殿（懷德館）
重文
日本國內只有高知城和川越城還保留著本丸御殿。書院造建築樣式可以看到藩主專用的「上段之間」和武者隱藏空間。

本丸的建築物
儲藏室
重文
過去當作前廳使用的地方。現在用來展示獨具匠心的天頂窗。

這裡不得了！

都是實物！全日本唯一保留所有本丸建築物

1753年重建至今，全日本只有高知城幾乎完整保留著本丸御殿和本丸建築物群。天守等15棟建築物和矢狹間塀獲指定為重要文化財。

將江戶時代的樣貌傳遞至今　四處都保留著建築物群和各種機關

1601年由進駐土佐的山內一豐開始築城，耗時10年才完成整個城郭建築。之後1727年因城下町大火，除了追手門外其餘建築幾近燒毀，爾後花費25年時間完成重建。目前為全日本現存僅12處的天守之一，也是唯一保留所有本丸建築群的日本城。到處都可看到射箭口和防禦鐵串等精心設置的機關，也是這座城吸引人的原因之一。

關鍵人物 山內一豐是誰？

父親是尾張國守護代的長老。因戰爭失去父親，10多歲前期都在外流浪。後來服侍豐臣秀吉，立下戰功，在關原之戰中支持德川家康。因忠節名義，獲贈土佐一國，為延續約270年的土佐藩立下基礎。

夜晚必看！

每天日落後到22時會點燈，可看到浮現在暗夜之中的高知城，獲認定為「日本三大夜城」。配合季節活動的點燈也很值得關注。

高知城的這裡不得了！

由我來負責導覽！

嶋本 勇雄先生
導覽志工
導覽高知城的主要景點和值得一看的地方。有1天2次的免費定時導覽，和隨時出發的免費導覽。都可以當天在高知城觀光服務處報名。

免費定時導覽	
路線	到天守最上層
需時	約1小時30分
時間	9:10出發、13:30出發

免費導覽	
路線	到本丸御殿前
需時	約50分
受理時間	9:00～15:00

美麗的石牆
有許多精心設計！

這裡不得了！

這是多雨的高知縣特有的設計，有許多精心設計。從城內的水路透過「石製排水道」排出。將雨水止地盤鬆軟和石牆崩壞，可防牆突出做成「石製排水道」，會讓石前保留到現在的石牆很有歷史韻味，以及2009年使用穴太眾技術修理的石牆也值得一看。此外，400年

三之丸的石牆是用自然石塊堆疊的野面積工法

腹地內發現16處石製排水道

前國主長宗我部蓋築於三之丸的石牆建

本丸的建築物
天守 重文

從天守可眺望高知市區

在四國只有高知城的望樓上有繞屋廊台和高欄。從天守眺望出去的景色相當壯觀。

防禦鐵串
位於天守東北側的鐵串，用來防禦入侵者。

現存的只有高知城！

射箭孔
可從洞口射出石頭和熱水來攻擊爬上城牆的對手。

眾多防守城堡的驚人機關

這裡不得了！

知城注重防守的結構和機關都很值得關注。「射箭口」和現存天守中只剩下高知城還保留著的「防禦鐵串」等都非常有看頭。

矢狹間塀 重文
追手門和天守的牆上設有攻擊用的洞穴。可從圓形、三角形和四方形的洞穴用槍砲和箭攻擊敵人。

位於天守的觀景窗！

現存12天守之一

這裡不得了！

知城是江戶時代現存12天守之一。因為免於廢城令，加上未遭到空襲，才得以將270年前的樣貌傳遞至今。珍貴的日本城獲選為日本100名城。

天守的現存12天守之保存至今仍有留有

注意天守的這裡！
天守上的鯱瓦
東西南北4處都有設置青銅製的美麗鯱瓦。從天守4樓可以就近看到東西2隻。

注意天守的這裡！
精緻的繞屋廊台、高欄
為了仿造靜岡的掛川城，山內一豐直接向德川家康徵求許可建造。

高知城 完全導覽

參觀模擬路線 高知城

1 追手門 重文
●おうてもん

威風凜凜的高知城正門的石牆上，設有渡櫓（連接櫓的通道），門前為枡形，可從3個方向攻擊敵人。櫓上還有射箭口，是攻擊者最初的難關。

有趣小知識

石牆上刻的文字
追手門前的石牆上刻有「ウ」「エ」「ケ」「シ」的文字。據說還是石頭捐贈者姓名的第一個字，以及產地的第一個字等多種說法。

有趣小知識

難以進攻的樓梯構造
連接追手門的階梯越往上爬，高度和寬度就會越不規則，是非常難攻的構造。可以實際爬爬看，親身感受這條階梯的難度。

2 鐵門跡
●てつもんあと

歇山頂二樓建築的門，現在只剩下石牆。門扉上釘有鐵板，故得此名。

3 三之丸
●さんのまる

據說是山內一豐築城前10年蓋的石牆

過去曾有三之丸御殿，會舉行年中活動和儀式。前國主長宗我部在築城時挖出這道石牆，可看到這個遺構的一部分。

詰門 重文 4
●つめもん

連接本丸和二之丸。2樓曾用來當作家老和中老的執勤所。跟追手門一樣是可以從3個方向攻擊敵人的構造。

通往天守的真正入口在這裡

有趣小知識

機關門
詰門的出入口路線不一樣，從正面進入會穿到梅段，遠離天守。是可引誘敵人，從3個方向攻擊的陷阱。

5 本丸御殿（懷德館） 重文
●ほんまるごてんかいとくかん

典型的書院造建築，在二之丸御殿完成之前，山內一豐夫婦生活在這裡。只有高知城有從本丸御殿連接到天守的構造，和天守一起保存下來的本丸御殿遺構則是全國唯一。

有趣小知識

優秀的裝飾品味
本丸御殿的竹節欄間用的是束狀竹節的設計。

天守 重文 6
●てんしゅ

外觀為4重，內部有3層的6樓建築。雙重的歇山頂屋頂上有雙重望樓。1～4樓展示高知城築城的歷史，最上層可360度環視底下的高知市區。

有趣小知識

注意天守最上層的天花板
過去只有藩主能登上天守最上層，因此只有天守最上層使用的是格調較高的格子狀天花板。

天守閣的高度為18.5m

高知城內 MAP
┈參觀路線

⑥ 天守
黑鐵門
西多聞
三ノ丸
廊下門
⑤ 本丸御殿（懷德館）
東多聞
④ 詰門
② 鐵門跡
長宗我部期石垣
③ 三之丸
板垣退助銅像
山內一豐の妻像
① 追手門

遊訪高知城時，一定也要來這裡逛逛！

牆壁是美麗的木組檜木

建築物的外觀形象是將高知珍貴的資料運送給未來的「船」

讓人聯想到城牆的厚實建築

必看重點1

適合拍照的建築

承襲過往歷史和傳統，再加入近代感的建築築物，不管從何處取景，都是如畫般的景觀。土佐灰泥的柱子、縣產檜木材和設有土佐刀刃裝飾的牆壁、使用土佐和紙的和室天花板等，高知傳統工藝打造出來的空間之美令人拍案叫絕。

高知縣立
高知城歷史博物館

こうちけんりつこうちじょうれきしはくぶつかん

公開土佐藩主山內家代代相傳的資料

建於高知城追手門前的博物館。收藏、展示土佐藩主山內家流傳下來約67000件歷史資料和美術工藝品。除了有稀少的實物資料之外，還有許多可學習高知歷史和文化的機關，一年中也會有豐富多元的企劃展。建議可和高知城（P.30）一同遊訪。

MAP 47C-3
☎ 088-871-1600
🕘 9:00～17:30（週日假日8:00～） 休 無休
¥ 參觀費500円（舉辦企劃展時700円）
所 高知市追手筋2-7-5
🚃 土佐電交通高知城前電車站步行5分

以30分之1大小重現的高知城模型

導入展示室裡有歷史大年表和土佐國的繪畫地圖

必看重點2

為數眾多的貴重文化財

由導入展示室和3間展示室構成，所有展示室每隔2個月就會更換展示品。幾乎都是「真品」，還會有初次公開的貴重資料！語音導覽除了日語之外，還有英中韓、兒童用和土佐腔（有1000円押金）。

金梨地丸三柏紋鳳凰螺鈿蒔繪糸卷太刀拵
以螺鈿和金貝表現出山內家紋丸三柏紋和鳳凰。據說是禮儀和贈答用

兔耳形兜
4代山內豐昌所使用的兔耳形狀特殊頭盔。是為了仿效決不後退的兔子

黑羅紗地菱綴銅蓋文附三柏葉紋陣羽織
據傳是第5代藩主山內豐房之物。黑羅紗的和服樣式，背部上方有家紋丸三柏大紋

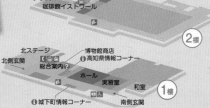

※經常會更換展示內容，未必可以看到這裡介紹的文化財和資料。

［地圖標示］
高知城展望廳
土佐史探索室
體驗區
櫓台
特別展示室
展示室2
展示室1
導入展示室
閱覽室
3樓
テラス
珈琲館イストワール
北ステージ
北側玄關
博物館商店
高知縣情報コーナー
總合案內
ホール
實習室
和室
2樓
南側玄關
1樓
城下町情報コーナー

---

③樓 高知城展望廳

可一覽天守、追手門、初代藩主山內一豐銅像的觀景點。是四國八十八景之一。

可遠望高知城的絕佳景點

③樓 體驗區

有一整排超華麗的陣羽織和形狀特殊的頭盔。可實際穿戴在身上，化身為武將拍照留念。

大人小孩都可以玩得開心

②樓 珈琲館イストワール

可邊眺望高知城邊休息的咖啡廳。畫有坂本龍馬臉的維也納咖啡600円。

窗邊的位子是特等席

①樓 博物館商店

有許多以收藏資料為概念的原創商品，像是明信片或信紙，也有許多高知伴手禮。

山內家資料 生菓子圖案集 550円

在明神丸可以看到稻草燒鰹魚

高知美食匯集的
攤販村

弘人市場
ひろめいちば

Ⓐ
鹽味半敲燒丼
1000円
白飯上鋪著厚片鰹魚的鹽味半敲燒！附味噌湯

不管白天晚上都充滿活力，高知數一數二的美食景點「弘人市場」。掌握3個重點，大逛特逛吧！

先掌握這些重點！

① 確保所有人的座位 （抵達後）

市場內為約有470個座位的美食廣場形式，只要有空位都可以坐。人多時必須和其他人併桌，所以抵達時先確保座位吧！

② 前往各個店家點餐

需自行前往各個店家點餐和拿取，筷子和水杯可向各個店家拿取，等餐點到齊，就可以乾杯了！

③ 餐盤留在桌上即可

餐後的餐具會由工作人員統一回收。塑膠餐盤和紙類垃圾請丟到附近垃圾桶。

有專屬人員會來收！

是這樣的地方！

約有50間餐飲店和10間物產店聚集的攤販村，從高知名產、佳餚到甜點等豐富的美食和伴手禮都匯集於此。除了午餐之外，白天喝酒也是這裡的樂趣之一。也有能外帶的店家。

📞 088-822-5287　**MAP** 46D-3
🕙 10:00～23:00、週日為9:00～23:00（視店鋪而異）
休 1月1日、每年休6次左右（視店鋪而異）　🚩 高知市帶屋町2-3-1　🚃 土佐電交通大橋通電車站步行3分

point **2**

前往HIROME BAR的個性派店家

弘人's建議
位於北側一隅的「HIROME BAR」，是由4間時髦店家匯集而成的區域。設置能夠站著飲用的圓桌，也可以帶其他區域的餐點來這邊享用。

Ⓔ **煙燻蛋鹹牛肉洋芋沙拉** 500円
運用馬鈴薯的甜味，可和附4種小菜的飲料套餐1000円一起享用。

用縣產生薑的薑汁威士忌蘇打水600円乾杯！

Q & A

Q 有停車場嗎？

弘人市場的2、3樓設有24小時營業的停車場。每30分200円、18:00～翌8:00最多300日圓。在各店購物滿2,000日圓可享折扣。

追手筋

弘人市場 MAP

34

A 藁焼き鰹たたき明神丸
ひろめ市場店
★わらやきかつおたたきみょうじんまるひろめいちばてん
這間人氣店會在店前用稻草燒烤以傳統
釣魚技術「一本釣」釣起的鰹魚。
📞 088-820-5101
🕐 11:00〜21:00（週日、假日為10:00〜
20:00） 休 準同弘人市場的休息日

B やいろ亭
★やいろてい
會告知漁獲狀態的名店。也能享用到中
華料理。
📞 088-871-3434
🕐 10:00〜21:30（週日為9:00〜21:00）
休 準同弘人市場的休息日

C 珍味堂
★ちんみどう
Dorome和錢鰻等高知珍味齊聚一堂。
📞 088-872-0266
🕐 10:00〜22:30（週日為9:00〜）
休 準同弘人市場的休息日

D ひろめで安兵衛
★ひろめでやすべえ
招牌餐點是每次點餐後才會開始手工包
的餃子。屋台也要CHECK。
📞 088-822-0222
🕐 12:00〜21:00（週日、假日為11:00〜
20:00） 休 準同弘人市場的休息日、
不定休

E イモバル
TOSAYAMA男爵
★イモバルトサヤマだんしゃく
培育男爵馬鈴薯的農家所直營的酒吧。
馬鈴薯料理和縣產生產飲料種類豐富。
📞 080-1993-1168
🕐 15:00〜22:30（週日為12:00〜）
休 準同弘人市場的休息日

F 土佐黑潮水產
★とさくろしおすいさん
除了稻草燒鰹魚半敲燒之外，還有很多
鯨魚、錢鰻等海產。
📞 088-873-7198
🕐 10:00〜17:30（週日為9:00〜）
休 週三

G 黑潮物産
★くろしおぶっさん
在店頭販售手工地瓜條。也有半敲燒等
伴手禮。
📞 088-820-6575
🕐 10:00〜17:30（週日為9:00〜）
休 週三

H マンテンノホシ
可品嘗到焙茶甜點和使用縣產料理的單
點料理。
📞 088-821-6621
🕐 11:30〜22:30
（週日、假日為11:00〜21:30）
休 準同弘人市場的休息日

店家通道上也有滿滿的座位！

可用通道上的招牌辨認座位的位置

終於來到高知美食的殿堂！

遊逛弘人市場的

4大重點

point 1 CHECK
必吃的高知美食！

B 唐揚溪蝦 550円
連整個殼都可以食用，酥酥脆脆的
河產。與啤酒十分相搭

**切片 B
鹽味鰹魚
（稻草燒烤）**
1人份1300円
當天進貨的鰹魚以
稻草燒烤的方式烹
調，厚片帶嚼勁的
赤身勘稱極品。

屋台餃子 7個入 500円 **D**
以酥脆薄皮包覆的餃子，野菜的美味
跟肉汁滿溢口腔

這道！收尾吃

弘人's 建議 安兵衛
的屋台
餃子是高知為人熟
知的收尾餐點。

Dorome C
600円
在高知方言中是指
「沙丁魚幼魚」，
帶些微苦味，很適
合下酒

弘人's 建議 錢鰻和
鯨魚等
是其他縣市幾乎不
會有的珍味，是高知
特有的必吃美食。

海鱔半敲燒 C 580円
特色是有如白肉魚清淡的滋味跟
扎實口感

point 4
品嘗實力派匯集的
甜點度過甜品時光

大福霜淇淋 H
550円
使用津野町的優質
茶葉焙煎而成的焙
茶霜淇淋與大福搭
配成套餐

弘人's 建議 推薦可在マンテンノホシ的露台座悠閒
享受咖啡時光。

弘人's 建議 購買鰹魚半敲
燒時，可請店
家提供免費保冷袋，也有
外送服務。

point 3
尋獲
經典伴手禮！

F 稻草燒半敲燒
1條1200円〜
將切成大塊的柴魚片用稻
草炙燒，並用真空袋保存

G 地瓜條 各350円
無添加物和防腐劑的手工
地瓜條。共有20種

名產
地瓜條塔
非看不可！

半敲燒 in 高知市

明神丸 帶屋町店
●みょうじんまるおびやまちてん

帶屋町商店街的人氣店。除了現烤半敲燒之外，還可以品嘗到多種鰹魚料理及石鮮天婦羅等高知名產。中午以定食為主，晚上除了定食以外，還有豐富的單點料理，可以搭配地酒一同享用。

📞 088-824-0001　MAP 46D-3
🕐 11:30～13:30，17:00～22:30
休 週二　所 高知市帶屋町2-1-27
🚃 土佐電交通大橋通電車站步行3分　P 有合作停車場

這些也值得推薦
● 鰹魚三昧十二切 1958円
● 鹽味半敲鰹魚握壽司五貫 858円

位於帶屋町商店街，總是人聲鼎沸

有桌席、吧檯座和下嵌式座位

極品餐點
これやき套餐 十八切 2838円

搭配天日鹽享用的鹽味，和搭配特製柚子醋的醬汁，能一次吃到2種鰹魚半敲燒的代表性吃法。

種類豐富的鰹魚料理
非常適合搭配地酒

高知Style
醬汁半敲燒
用柚子醋醋為基底，加入柑橘靜置數個月，以每家店獨自的口味來決勝負。

高知Style
鹽味半敲燒
將魚肉用鹽醃漬，是高知為人熟知的吃法。據說是源自漁夫在船上吃的食物。

這些鰹魚料理也要 CHECK！

鰹魚生魚片（帶皮）1078円
將市場直送的生鰹魚做成生魚片，切成厚片，彈牙口感非常美味

酒盜 528円
用鹽醃漬鰹魚內臟的高知珍味。也有和製鯷魚之稱。

稻草燒鰹魚肚 748円
將油脂豐富的鰹魚肚部位做成稻草燒。這是1隻鰹魚中只能取得少量部位的珍貴逸品。

自己動手做做看！
體驗型半敲燒餐館GO！

土佐タタキ道場
●とさタタキどうじょう

可體驗稻草燒鰹魚的餐館。餐點只有自己動手燒烤的半敲燒，可選要附白飯、味噌湯等的定食或單點（1300円）。

MAP 49C-4
📞 088-847-3255（かつお船）
🕐 10:30～15:00（鰹魚售完打烊）
休 無休　所 高知市仁井田201-2
🚗 高知IC車程10km　P 免費

極品餐點
鰹魚半敲燒定食 1600円

剛烤好的鰹魚特別香！一開始先沾鹽，再沾自家製柚子醋享用

熱騰騰的鰹魚半敲燒吃法源自這間店

這些也值得推薦
● 鹽味鰹魚半敲燒 1320円
● 鰹魚生魚片 1320円

極品餐點
鰹魚半敲燒 1320円

順口彈牙的口感令人愛不釋手。靜置數月釀造成的醬汁濃醇。

魚の店 つづき
●さかなのみせつづき

現在的鰹魚半敲燒主流吃法是趁溫熱吃，據說是30年前由此間餐廳開始推廣。除了鰹魚之外，還有高知的當季魚種，可搭配淡麗辛口的地酒一起享用。

MAP 46E-3
📞 088-884-2928
🕐 18:00～22:30
休 週日、一
所 高知市はりまや町1-4-1 田中ビル2F
🚃 JR高知站步行10分

吧檯處可以看到一整排當天進的魚

菊壽し本店
●きくずしほんてん

1951年創業在當地大受好評的壽司店。將鰹魚半敲燒做成壽司卷的土佐卷是上代老闆的發明，如今已是經典鄉土料理。用蒸籠炊煮的蒸壽司也是極品。

MAP 46E-3
📞 088-823-8400
🕐 11:00～19:30（也有15:00～17:00打烊的情形）
休 週三、每月最終週二　所 高知市帶屋町1-7-19
🚃 土佐電交通播磨屋橋電車站步行4分　P 有合作停車場

將鰹魚半敲燒做成壽司卷的「土佐卷」鼻祖

高知町位於市中心

這些也值得推薦
● 特上梅握壽司 2970円
● 菊膳（鰹魚半敲燒蒸壽司）2420円

極品餐點
土佐卷（1條）990円

鰹魚半敲燒、蒜、紫蘇，裡面的料都是高知名產

在持續100年以上的鄉土料理店品嘗

入口即化、香氣四溢的嚴選頂級鰹魚半敲燒

極品餐點

鰹魚半敲燒 1480円
從一本釣捕獲的鰹魚當中，嚴選適合做半敲燒的大小和優質魚肉

土佐料理 司高知本店
●とさりょうりつかさこうちほんてん

創業100年以上的鄉土料理老店。鰹魚料理除了有半敲燒之外，還有生魚片、可樂餅、酒盜等豐富的單點料理。大量使用高知山珍海味的皿鉢料理和宴席料理大受好評。中午還提供定食選擇。

☎088-873-4351　**MAP** 46E-3
🕐12:00～20:30（週日、假日為11:30～20:00）
休不定休
所高知市はりまや町1-2-15
🚃JR高知站步行10分
P有合作停車場

這些也值得推薦
●鰹魚半敲燒鹽味 1430円
●鰹魚丼 850円

鹽烤稀有的鰹魚腹部脂肪部位 550 円

創業 1917 年的老店

利他食堂
●りたしょくどう

可在時尚的空間享用從漁夫和農家直接進貨所製作的各種料理。可品嘗到用松葉燒烤的鰹魚半敲燒，和薄切生肉風的創意料理。

MAP 46F-1
☎088-885-6983
🕐18:00～22:30
休週一
所高知市相生町2-20 大久保ビル1F　🚃JR高知站步行5分　P免費

天花板很高，充滿開放感

這些也值得推薦
●松葉燒鰹魚半敲燒 1500円
●絲狀青海苔天婦羅 680円

優質名店齊聚一堂！

鰹魚

縣內漁港為高知帶來許多優質鰹魚。很多居酒屋都以半敲燒作為招牌宣傳，齊聚以味道自豪的名店。

在時尚的空間裡享用

生肝風味的技術半敲燒

極品餐點

生肝風鰹魚半敲燒 1440円
芝麻油和芝麻味特別突出的創意料理，宛如生肝風味的料理令人驚豔！

🐟鰹魚KEYWORD

一本釣
江戶時代流傳至今的高知傳統釣魚技術。相較於網釣，鰹魚一撈扎就不會受傷，一本釣的味道更加美味。

初鰹・戻鰹
每年會有2次盛產期，初夏的初鰹鰹身紮實、味道清爽。晚秋的戻鰹則是有豐厚的脂肪。

稻草燒
為了添增香氣，使用稻草燒烤的店家變多了♪。豪邁的料理畫面真是精采！

吃法
使用稻草燒烤，有些地方不會使用冰水緊實肉質。而是直接提供溫熱的料理。佐料除了醬汁外，也有提供鹽、芥末等。每家店名有不同。

錢鰻&鯨魚料理
和鰹魚並列人氣料理

たたき亭
●たたきてい

主角是土佐灣外海的鮮魚。當中的招牌是鰹魚、錢鰻、鯨魚半敲燒，會用無農藥栽種的稻草燒烤，香氣四溢。　**MAP** 46E-2
☎088-824-0018
🕐17:00～22:30（有可能鰹魚售完打烊）休週一、每月第1週日　所高知市はりまや町3-1-12
🚃JR高知站步行7分

錢鰻半敲燒 1430円。如雞肉般清淡，豐厚鬆軟的口感

醉鯨亭
●すいげいてい

可以吃到生魚片、涼拌等10種以上鯨魚料理的店。其他還有鰹魚和Dorome等豐富的高知美味。
MAP 46F-3
☎088-882-6577
🕐11:30～13:30、17:00～21:00　休週一
所高知市南はりまや町1-17-25
🚃土佐電交通播磨屋橋電車站步行3分
P有合作停車場

炸鯨魚塊 1100円。用太白粉炸紅肉的懷舊口味

滿滿的新鮮蔬菜！

販售空間寬度約2.5m

柚子醋是高知必備的調味料！

擺攤店家從老店到新面孔都有

單側2車道變成購物天堂！

攤攤數　約300

每週日　約6:00～15:00

在連續300年以上日本最大的露天市場

週日市場 にちよういち

逛街購物♪

可以在這裡尋找伴手禮以及邊走邊吃。在高知的名產市集逛街購物吧！

間苗（小）哈密瓜漬物
1袋 100円～

將間苗（小）哈密瓜做成醃漬物。特徵是有獨特的甜味和酥脆的口感

鹽壺罐
2500円

高知的清流新莊川附近的豬狩窯所製作。具備通風性

使用冷泉和天然成分做成的自然風格。「山豬肥皂」等種類豐富的商品

肥皂
1塊 550円～

蜂蜜
各 1500円

在物部的養蜂場製作的產品。具有清涼感和水果風味

高知名產雲集！
伴手禮
有許多生產者親自加工的產品連雜貨都應有盡有！

果醬
各120g 500円

使用自家農園的文旦、李子做成的果醬。也有販售糖漿和香薰精油

竹籃
中型 1500円～

可以當作購物籃使用的竹籃，有多種形狀和大小

食用花
1盒 200円

不僅可以為料理添加色彩，還可以當辛香料使用的食用花

小夏柑橘
一籃 500円～

高知特產的柑橘，口味特徵是酸甜爽口

從蔬菜到日用品
高知名產應有盡有！

從江戶時代起擁有300年以上歷史的露天市場，於每週日舉辦，從高知城追手門往東約1km綿延著約300間攤販。販售當地產的新鮮蔬果以及日用雜貨等，可邊走邊吃。

☎088-823-9375　MAP 46E-2
（高知市商業振興・外商支援課）
休1月1・2日、8月10～12日
所高知市追手筋
交JR高知站步行10分

週日市場MAP

高知城

在觀光服務處領取週日市場的介紹小冊子

追手門

土佐女子中・高等學校

追手前高等學校

週日市場舉辦時，追手筋會變成單側2車道的雙向道路。現場不會特別標示，開車時要特別注意。

↑高知駅

藤並公園

建於高知市中央天守等是重要文化財（P.30）

高知縣庁

有一整排樹木和盆栽的6丁目

高知縣立高知城歷史博物館（P.33）

弘人市場前面也有很多攤販

弘人市場

6丁目北
6丁目南

5丁目北
5丁目南

4丁目北
4丁目南

3丁目北
3丁目南

2丁目北
2丁目南

1丁目北
1丁目南

OTEPIA（P.43）

追手筋

中の橋通り

堀詰通り

グリーンロード

廿代町通り

駅前電車通り

7丁目

即使大排長龍也想吃名產炸地瓜

高知城通り

高知市役所

約60間店家比鄰的集合型市場（P.34）

ひろめ市場

大橋通り

帶屋町商店街

↓はりまや橋

竹籃最適合當購物良伴

將高知的珍品做成伴手禮

主要是高知市近郊的農家來擺攤

高知市產

也有販售花苗和觀葉植物

要來逛的話8～14時為最佳時間

鄉村饅頭 1個 70円
使用南瓜、文旦等上色的蒸饅頭。裡面填入滿滿的自家製豆沙

吉平的百搭生薑 100㎖ 700円～
使用高知產生薑，無水、無添加製成的高濃度生薑糖漿

竹筷捲 1根 300円～
將大阪燒捲在竹筷上，非常適合邊走邊吃！也別忘了確認上面的配料喔

週日市場的經典遊玩方法
邊走邊吃
可在購物途中購買名產、炸地瓜、串燒等來吃♪

幸福蕨餅 300円
在Q彈的蕨餅上淋上黃豆粉和黑糖蜜

貝果 1個 150円～
以安心、安全的素材製作。有巧克力、椰子等數種口味可選擇

石花菜 1碗 350円
將冰涼的湯汁淋在石菜花上享用是高知流吃法

炸地瓜 1袋(4～6個裝) 350円
將蕃薯裹上麵衣酥炸是週日市場的人氣美食。歡迎前來吃剛出爐的炸地瓜

冰淇淋 250円
發源於高知的冰淇淋。沙沙的口感和清爽餘味相當有魅力

炭火串燒 1支 110円～
使用炭火燒烤香氣四溢，沾上秘傳醬汁享用。有烤雞肉串、豬肉串等

鄉村壽司 350円～
柚子醋相當夠味的爽口醋飯添加了山菜、茗荷等高知名產

\\還有！// 高知的街路市集
除了週一、三之外，每天都會在不同地方舉行市集，一起來看看高知的露天市場吧！

週六 池公園的週六市場
高知有機市場
攤販數 約40
由製作者親自販售無添加食品，與堅持使用自然素材的手工藝品。
MAP 48D-3
☎070-9139-6758
(高知有機市場 攤販工會)

🕐8:00～14:00 (7、8月為13:00) 🚉高知市池 🈺天候不佳時
🚌JR高知站搭MY遊巴士39分，住吉池前下車即到

週五 **市場**
攤販數 約20
高知縣首座高架橋下的街路市集。聚集許多當地客人而熱鬧不已。
MAP 46D-1
🕐6:00～15:00左右
🚉高知市愛宕町1
🚌JR高知站步行10分

週四 **市場**
攤販數 約70
高知縣廳前的辦公街前，有一排販售手工熟菜和點心的店家。
MAP 47C-4
🕐6:00～15:00左右
🚉高知市縣廳前
🚌土佐電交通縣廳前電車站即到

週二 **市場**
攤販數 約20
在藩政時代保留下來的水路上鋪設木板，橫跨約250m的市集。
MAP 49B-2
🕐6:00～15:00左右
🚉高知市上町4～5
🚌土佐電上町4丁目電車站即到

在高知市周邊一次買齊!
高知的伴手禮

※價格和包裝可能會視店鋪而異,敬請見諒。
從深受當地居民喜愛的在地美食,到經典伴手禮大集合。除了鰹魚、柚子等高知名產之外,以夜來祭為主題的雜貨也不要錯過!

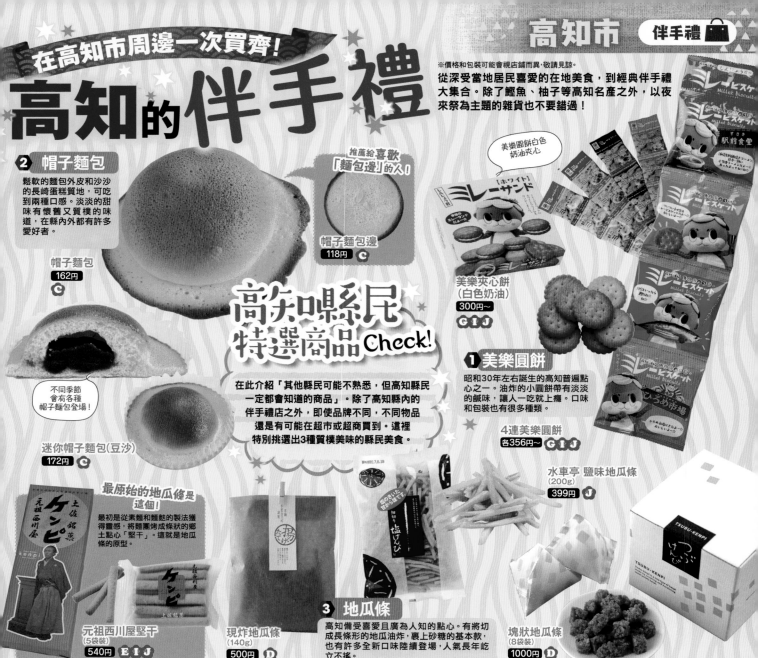

2 帽子麵包

鬆軟的麵包外皮和沙沙的長崎蛋糕質地,可吃到兩種口感。淡淡的甜味有懷舊又質樸的味道,在縣內外都有許多愛好者。

推薦給喜歡「麵包邊」的人!

帽子麵包邊
118円 C

帽子麵包
162円 C

不同季節會有各種帽子麵包登場!

迷你帽子麵包(豆沙)
172円 C

美樂圓餅白色奶油夾心

美樂夾心餅(白色奶油)
300円～ G I J

1 美樂圓餅

昭和30年左右誕生的高知普遍點心之一。油炸的小圓餅帶有淡淡的鹹味,讓人一吃就上癮。口味和包裝也有很多種類。

4連美樂圓餅
各356円～ G I J

高知縣民特選商品 Check!

在此介紹「其他縣民可能不熟悉,但高知縣民一定都會知道的商品」。除了高知縣內的伴手禮店之外,即使品牌不同,不同物品還是有可能在超市或超商買到!這裡特別挑選出3種質樸美味的縣民美食。

水車亭 鹽味地瓜條
(200g)
399円 J

最原始的地瓜條是這個!

最初是從素麵和麵麩的製法獲得靈感,將麵團烤成條狀的鄉土點心「堅干」。這就是地瓜條的原型。

元祖西川屋堅干
(5袋裝)
540円 E I J

現炸地瓜條
(140g)
500円 D

3 地瓜條

高知備受喜愛且廣為人知的點心。有將切成長條形的地瓜炸,裹上砂糖的基本款,也有許多全新口味陸續登場,人氣長年屹立不搖。

塊狀地瓜條
(8袋裝)
1000円 D

E 西川屋老舗
●にしがわやしにせ
提供美味不變的地瓜條
在麵粉裡加入砂糖烘烤的質樸點心「堅干」。特色為溫和的甜味和驚人的硬度。帶有紫蘇香味和砂糖甜味完美融合,最適合當茶點的梅不餅648円起。

MAP 49C-2
☎088-882-1734
⏰9:00～19:00 休無休
🏠高知市寄町1-7-2 🚃土佐電交通知寄町1丁目電車站即到
🅿免費

D 芋屋金次郎
卸団地店
●いもやきんじろうおろしだんちてん
販售多種地瓜條的專賣店
以常備7種以上的地瓜條為主,還有蛋糕等使用地瓜的產品。只有這樣的專賣店鋪可買到工廠送達當天現炸的地瓜條。附設的咖啡廳也很受歡迎。

MAP 49C-2
☎088-883-7421
⏰10:00～19:00(咖啡廳為～18:30)
休無休 🏠高知市南久保14-25
🚃JR高知站搭計程車5分
🅿免費

C リンベル
名產帽子麵包的發源店
為昭和30年首次做出帽子麵包的永野旭堂本店直營店。除了有一般尺寸的帽子麵包外,還有特大和迷你尺寸。提供微笑麵包等約80種口味質樸的麵包。

MAP 46D-2
☎088-822-0678
⏰7:00～18:00
休週日、假日不定休 🏠高知市永国寺町1-43 🚃JR高知站步行15分
🅿免費

B 浜幸はりまや本店
●はまこうはりまやほんてん
創意點心備受好評的人氣店
地點就在朱色的播磨屋橋旁邊,1952年創業的和菓子老店。鋁箔燒洋風和菓子「髮簪餅」(かんざし)最為有名。建築靜靜佇立著,以僧人純信與阿馬的露臉看板為辨認標誌。

MAP 46E-3
☎088-875-8151
⏰9:30～19:00 休無休
🏠高知市はりまや町1-1-1
🚃JR高知站步行10分
🅿有合作停車場

A 青柳プラスワン店
●あおやぎプラスワンてん
有許多高知特有的點心
1936年創業的和西點店,因高知銘菓「土左日記」而聞名,在這裡可以用outlet的價格購買青柳的點心。播磨屋橋附近也有直營店。

MAP 48D-2
☎088-866-7771
⏰10:00～18:00 休無休
🏠高知市大津乙1741
🚃高知IC車程4km
🅿免費

內餡是北海道產優質紅豆的豆沙餡，外面包的是國產年糕，並灑上寒梅粉的年糕點心。

桐島畑 薑汁糖漿
（230㎖）
980円
F

鬆軟的外皮裹著帶有淡淡柚子香的白豆沙。5個以上跟髮簪糖搭配為盒裝

髮簪餅
（6個入）
864円
BGHIJ
銘菓

僅用無農藥栽培的生薑和粗糖製作，特色是清爽的辣味。可用在薑汁汽水和薑汁燒肉料理上

滿天星 焙茶大福
1顆189円
（8顆裝）1296円
IJ

用四萬十川清流栽培的優質茶葉。帶有淡淡苦味的烘焙茶和奶油、紅豆泥搭配絕佳

土左日記 **AGIJ**
左：（粉紅色的土佐日記6顆裝）650円
右：（15顆裝）1620円
銘菓

柚子奢華沙拉醬
（300㎖）
1458円 **J**

柚子果皮粉
583円 **FJ**

馬路村特產柚子皮的粉末。撒在烏龍麵等食物裡可增添柚子香氣，提升美味度

使用完全天日鹽「田野屋塩二郎」的鹽味焦糖泡芙酥餅

運用鰹魚原本的鮮味，再用蒜和辣椒加入強烈風味。適合配飯和義大利麵

土佐蒜味紅鰹魚
700円 **FGHI**

田野屋塩三郎 小泡芙酥餅
（11片裝）
1080円 **FGIJ**
人氣

高知名產 Check!

大自然環繞的高知縣有許多使用當地新鮮食材的創意伴手禮。人氣扶搖直上的地方吉祥物周邊也值得關注。

使用傳統的釣魚技術一本釣捕獲的新鮮宗田鰹魚，用直火仔細燒烤

加入大量有機柚子、紅花油、白胡椒，奢侈的沙拉醬

姬鰹魚（5條裝）
1190円 **FC**

象徵龍馬行動力的靴子形狀酥餅。使用滿滿的奶油，烤得焦香可口。

當地吉祥物

元氣成分 鳴摩便條紙
各418円 **F**

夜來祭的鳴子和達摩合體的吉祥物「鳴摩」便條紙

南風小夏夾心餅
（8塊裝）
1300円 **IJ**

柑橘類的一種。裡面包著含有小夏萃取精華、果皮、白巧克力的奶油，香氣濃郁，甜味爽口

派皮裡面包的是嚴選優質的四萬十栗子泥，滑順可口。烤得芳香四溢，是店家引以為傲的派餅

龍馬的靴子（6片裝）
650円 **EGHIJ**
銘菓

四萬十 栗子派
（6塊裝）680円
（10塊裝）1080円
AGIJ

使用完全放養的土佐次郎的雞蛋，是口感鬆軟綿密、甜味高雅的蛋糕捲。

いちえん農場的土佐次郎蛋糕捲（1條）**AIJ**
1080円

高知龍馬機場
J BIGSUN高知空港 ビル直営売店

●ビッグサンこうちくうこうビルちょくえいばいてん
有600種以上豐富的品項
除了販售使用在豐富大自然孕育的高知食材所做的美食和伴手禮之外，還有許多銘菓、地酒、傳統工藝品等。在活動區還有縣內市町村自豪的品項和各季節的商品陣容。

MAP 48F-2
☎088-863-2907
🕐6:10~20:00（視航廈大樓開館時間有所變動）🈺無休 🏠南國市久枝乙58高知龍馬機場 航廈大樓2F 🚩高知龍馬機場內 🅿30分免費（之後每30分100円~）

高知站
I キヨスク 高知銘品館

●キヨスクこうちめいひんかん
可在旅途尾聲來這裡一次購買
位於高知站站內的伴手禮專賣店。不但有豐富的高知縣內伴手禮，還有許多土佐酒和銘菓、名產。店內也會現場叫賣「地瓜條」。

MAP 46F-1
☎088-823-5356
🕐8:00~19:30 🈺無休 🏠高知市栄田町2-1-10 JR高知站站內 🚩JR高知站站內 🅿使用高知站停車場（付費）

H はりま家 土佐こい館

●はりまやとさこいかん
位於京町商店街東入口的伴手禮館
鰹魚半敲燒和地酒等，有許多高知特有的伴手禮，土佐こい館的限定酒、播磨屋橋也很有人氣。對面也有系列店。

MAP 46E-3
☎088-823-0335
🕐10:00~18:50（週日為9:30~18:20）🈺無休 🏠高知市はりまや町1-3-1 🚩JR高知站步行10分

G 高知旅廣場 （とさ屋）

●こうちたびひろばとさや
高知縣全域的名產全部齊聚一堂
位於高知站前高知旅廣場（→P.28）的伴手禮之外。除了有縣內種類豐富的伴手禮之外，還販售冰淇淋、飲料等。附設wi-fi完善的休息區。

MAP 46E-1
☎088-879-0185
🕐8:30~18:00 🈺無休 🏠高知市北本町2-10-17 🚩JR高知站即到 🅿1小時200円（消費1000円以上則2小時免費）

F 土佐せれくとしょっぷ てんこす

●とさせれくとしょっぷてんこす
尋找伴手禮的強大夥伴
縣內全34個市町村的特產品全部集中在這間選貨店。販售使用縣產食材的點心和調味料等美食伴手禮，以及龍馬周邊及吉祥物商品等雜貨。

MAP 46E-3
☎088-855-5411
🕐10:00~19:00 🈺無休 🏠高知市帯屋町1-11-40 🚩JR高知站步行15分

高知的仲夏祭典 夜來祭

不分男女老幼全都穿上華麗服裝，充滿活力地舞動著，這是高知活力夏天到來的一大活動。每年會有200左右的隊伍和2萬名舞者齊聚一堂，讓整個街頭充滿慶典的色彩。行進中會敲響鳴子前進，除了一些規則外，其他都可自由遊行。也有隊伍會展現精緻創意的舞蹈表演。

除了自古流傳的朱色鳴子之外，也有獨創款式！

地方車
引導舞者的華麗裝飾卡車。同時也是隊伍的象徵和播放音樂的地方。搭配現場演奏的移動舞台。

獎牌
在每個競演場、演舞場（部分除外）分別進行審查，將獎牌授予笑容最美、最有活力的舞者。除了朱色的花朵獎牌，還有木製獎牌、鳴子獎牌等。

鳴子
隨著節奏演奏的夜來祭樂器。由於鳴子的敲響方式也是審查的標準，舞者都會從鳴子的敲響方式開始練習。

行前須知！

座位
只有追手筋本部競演場有付費座位，其他會場雖然沒有座位，但可免費觀看舞蹈。

停車場
中央公園和播磨屋橋的地下停車場可方便停車。播磨屋橋往縣廳方向的電車沿線上也有投幣式停車場。

遇到雨天時
只要不是嚴重的豪雨，都會如期舉行。戶外沒有避雨的地方，別忘了要自行帶傘。

廁所
中央公園和追手筋本部競演場的西側等處，皆有設置臨時廁所。

交通管制
追手筋本部競演場等部分會場有交通管制，現場會有非常多人，需特別留意。會場周邊的交通管制請確認夜來祭振興會官網。

住宿
高知市內的飯店可從前1年前開始預約，有時在半年前就已客滿。建議儘早預約。

舞蹈
唯一的規則就是「敲著鳴子向前進」，再來只要面帶微笑、開心跳舞就好。100人左右的舞者，彼此之間默契十足的群舞，充滿魅力。

音樂
只要在曲調的某處放入「呦啾哩呦、呦啾哩呦……」的「夜來哨子舞蹈」片段就沒有問題！要用搖滾還是森巴曲風都可以自己決定。

服飾
表現自己隊伍的色彩，繽紛萬千的服飾有如藝術一般。服飾也會納入審查項目，每個隊伍都會奮力準備。

Check!!
全年傳播夜來祭的資訊
高知夜來祭資訊交流館
●こうちよさこいじょうほうこうりゅうかん
夜來祭的資訊傳播中心。設有大型螢幕播放夜來祭的歷史影像專區，還有展示歷代獲獎隊伍的服裝，以及體驗區。

MAP 46 F-3
☎ 088-880-4351
🕐 10:00～18:30　🈺 週三
📮 高知市はりまや町1-10-1
🚃 土佐電交通播磨屋橋電車站步行3分

以地方車為主題的外觀

競演場&演舞場

▨ =競演場
「夜來祭大賞」等各種審查的會場

▨ =演舞場

有免費棧敷席
（AEON高知店的停車場）

欣賞歐洲風格美麗拱廊商店街的隊伍

在充滿魄力的2車道同時競演的主要會場。競技場風的會場裡面有可觀賞表演的座位（收費）

舞者們在自由的氣氛中，於觀眾之間遊行前進

「AEON高知旭町店」的停車場為會場。設有觀眾用帳蓬和草蓆

可以臨時加入的「あったか高知踊り子隊」，是在這個會場跳舞

道路寬敞的人氣拍攝景點

久万川
愛宕
高知
万々
入明
JR土讚線
高知駅前
蓮池町通
京町
播磨屋橋
菜園場
旭
高知城
追手筋本部
升形地域
柳町
上町
枡形
大橋通
堀詰
はりまや橋
菜園場町
鏡川
螢橋
旭三丁目
上町五丁目
上町四丁目
帶屋町
梅の辻
中央公園
梅の辻
あさくら
高知大学

---

information

歷年行程
8月9日 前夜祭・煙火大會
由去年獲勝的隊伍等表演舞蹈。

8月10日・11日 正式祭典
由出場隊伍在各大會場表演舞蹈。

8月12日 全國大會・後夜祭
由正式祭典獲勝的隊伍和縣外隊伍競演。

會場
會場位於高知市內9處競演場，和8處演舞場。追手筋本部競演場可以看到多支隊伍的舞蹈，10～12日設有付費座位。

洽詢處
☎ 088-875-1178　**MAP** 47C-3
（高知商工會議所內夜來祭振興會）
🌐 http://www.cciweb.or.jp/kochi/yosakoiweb/

票券
追手筋本部競演場的座位為午晚場完全清場制。對號座位2000円～。6月下旬起於日本全國便利商店等處販售。

臨時參加
隊伍也可當天臨時報名，會在正式開始前練習簡單的動作。

あったか高知踊り子隊
☎ 088-823-5941
（高知市旅館飯店協同組織）
💴 參加費3500円（附鳴子和土佐和紙製法被）

市民憲章よさこい踊り子隊
☎ 088-823-9080
（高知市民憲章推進協議會事務局）
💴 參加免費、紙製法被費500円
※需自備鳴子（有鳴子手作區）

橋

播磨屋橋
●はりまやばし

旅行 PICK UP MAP 46E-3

☎088-803-4319
（高知市觀光魅力創造課）
景點

出現於歌謠中的高知地標

於夜來祭中傳唱的這座橋，是為了江戶初期的富商播磨屋宗德和櫃屋道清兩家往來所建的橋。目前雖然改建在御影石製的橋上，但附近重現了朱色塗漆的太鼓橋。

← 現在為御影石造橋，橋下沒有水流

↑ 重現江戶時代的朱色塗漆太鼓橋

自由參觀
🏠 高知市はりまや町
🚃 JR高知站步行10分

南國土佐的城下町

區域導覽

高知市
●こうちタウン

因曾是土佐24萬石的城下町而繁榮，週日市場和夜來祭舉行時總是熱鬧非凡。高知市南部的景觀勝地桂濱有坂本龍馬像佇立。

高知市　香美　香南　仁淀川周邊　★　南國

資料館

大川筋武家屋敷資料館
●おおかわすじぶけやしきしりょうかん

MAP 47C-1

☎088-871-7565
景點

重現藩政末期的武家屋敷

復原自高知城下唯一保留江戶時代建築樣式的建築物，作為資料館開館。典型書院造主屋和長屋門很值得一看。

🕐 9:00～17:00　🚫 週三
💴 免費入館　🏠 高知市大川筋2-2-15
🚃 JR入明站步行10分　Ⓟ 免費

← 有3種窗戶的長屋門

文學館

高知縣立文學館
●こうちけんりつぶんがくかん

MAP 47C-2

☎088-822-0231
景點

親近土佐的文學

除了介紹高知文學家的常設展示室之外，還有高知縣出身的作家和宮尾登美子的相關展覽，以及地球物理學者寺田寅彥的紀念室。

🕐 9:00～16:30　🚫 無休　💴 入館費370円（企劃展費用另計）
🏠 高知市丸ノ內1-1-20
🚃 土佐電交通高知城前電車站步行5分

← 用時代和主題進行介紹的常設展示室

展示館

舊山內家下屋敷長屋展示館
●きゅうやまうちけしもやしきながやてんじかん

MAP 47C-4

☎088-832-7277
（高知市民權・文化財課）
景點

保留藩政面貌的武家長屋

致力於大政奉還的幕末藩主山內豐信（容堂）的下屋敷長屋。日本國內稀少的武家長屋，是重要文化財。館內展示了和船的模型等。

🕐 7:00～17:00　🚫 無休　💴 免費入館
🏠 高知市鷹匠町1-3-35
🚃 土佐電交通縣廳前電車站步行5分

重文

← 建於老字號旅館三翠園的入口

CLOSE UP

前往漫畫王國・土佐的文化傳播地

以因《得意仔》而聞名的橫山隆一為首，高知縣出了許多漫畫家。以「漫畫王國・土佐」為名，在此舉辦了全國高中生漫畫競賽的「漫畫甲子園」，還有「高知漫畫基地」和「橫山隆一紀念漫畫館」等以漫畫為主題的設施，高知所傳遞出去的漫畫文化備受注目。

橫山隆一紀念漫畫館
●よこやまりゅういちきねんまんがかん

☎088-883-5029　MAP 46F-3

高知出身的漫畫家橫山隆一的紀念館。在充滿機關的展覽中可盡情享受代表作《得意仔》的世界。也有介紹電車模型等橫山隆一的收藏品。

🕐 9:00～18:00
🚫 週一（逢假日則開館）
💴 入館費（常設展）410円　🏠 高知市九反田2-1 高知市文化廣場かるぽーと3F　🚃 土佐電交通播磨屋橋電車站步行5分
Ⓟ 30分150円

← 得意仔通上有許多可觸碰可玩樂的機關

高知漫畫基地
●こうちまんがベース

☎088-855-5390　MAP 47C-2

除了高知相關的漫畫家作品和資料之外，還有漫畫甲子園相關展覽。在「漫畫室」裡，可用平板或畫具學習漫畫的畫法。

🕐 12:00～18:00，週六日及假日為10:00～17:00
🚫 週二、四　🏠 高知市丸ノ內1-1-10　🚃 土佐電交通高知城前電車站步行5分

← 會不定期舉行活動
← 可以接觸漫畫雜誌魅力的閱讀區

複合施設

MAP 46D-2

OTEPIA
●オーテピア

☎088-823-4946
（OTEPIA高知圖書館）
景點

圖書館和科學館的組合

由中國、四國最大規模的圖書館、有許多體驗型展覽的科學館、使用活字協助閱讀困難者的聲音與點字圖書館3館所構成的複合設施。

🕐 9:00～20:00（視設施、星期而異）　🚫 週一、第3週五（科學會開館），遇假日皆開館　💴 星象儀參觀費500円　🏠 高知市追手筋2-1-1　🚃 土佐電交通大橋通電車站步行3分　Ⓟ 1小時400円（使用設施者最初1小時免費，之後每30分100円）

← 在高知未來科學館可欣賞到星象儀和科學秀

瑞山紀念館
MAP 48D-3

紀念館

●ずいざんきねんかん　☎090-1000-0234
〔戸梶(とかじ)様〕　景點

介紹武市半平太的生涯和功績
介紹土佐勤王黨盟主武市半平太（瑞山）的資料館。附近有墳墓、祭祀半平太的瑞山神社和舊邸（僅可參觀外觀）。

🕘9:00～17:00　休無休　免費入館　高知市仁井田3021　土佐交通播磨屋橋電車站搭土佐電交通巴士20分，瑞山神社前即到　P免費

◀展示半平太的畫作等

高知市立自由民權紀念館
MAP 49C-3

紀念館

●こうちしりつじゆうみんけんきねんかん　☎088-831-3336　景點

傳遞自由民權運動給未來
高知被稱為「自由來自土佐的山間」的自由民權運動發祥地。館內展出板垣退助遭到襲擊用的短刀等貴重資料。

🕘9:30～17:00　休週一（逢假日則開館）、假日翌日（週六日、假日除外）　入館費320円　高知市桟橋通4-14-3　土佐電交通桟橋4丁目電車站即到　P免費

◀瞭解自由民權運動的過程

高知縣立美術館
MAP 49C-2

美術館

●こうちけんりつびじゅつかん　☎088-866-8000　景點

常設展示夏卡爾的作品
除了和高知有淵源的攝影師石元泰博、馬克・夏卡爾的作品之外，還蒐集了以新表現主義、鄉土作家為主題的作品。

🕘9:00～16:30　休無休　入館費370円（企劃展、特展費用另計）　高知市高須353-2　土佐電交通縣立美術館通電車站步行5分　P免費

◀以土佐灰泥打造的洗練建築

5019 PREMIUM FACTORY
MAP 46E-3

漢堡

●ゴーイングプレミアムファクトリー　☎088-872-5019　美食

巨無霸當地漢堡
高達20cm的龍馬漢，堡裡面夾有鰹魚薄片、當地產蔬菜、雞蛋、100%牛肉醬等。會淋上4種醬。

🕘11:00～14:30(週六日、假日為～16:00)、21:00～翌日3:00(週六為18:00～翌日1:30、週日、假日為～23:30)　休週六、有不定休　高知市帶屋町1-10-21　土佐交通堀詰電車站步行3分

◀大量使用縣產食材的龍馬漢堡1200円

屋台安兵衛
MAP 46E-2

餃子專門店

●やたいやすべえ　☎088-873-2773　美食

即使大排長龍也想吃的熱騰騰餃子
1970年創業的屋台餃子。餃子皮薄餡多，用較多的油蒸烤而口感酥脆，最適合當喝酒時的收尾料理。

🕘19:00～翌2:30　休週日　高知市廿代町4-19　JR高知站步行7分

◀屋台餃子1人份（7顆）600円

わんぱーくこうち
MAP 49C-3

休閒設施

●わんぱーくこうち　☎088-834-1890　玩樂

可近距離看到動物
包含飼養100種動物的動物樂園、有摩天輪的遊樂園、設有運動器材的草皮廣場等4個區域。

🕘9:00～17:00　休週三（逢假日則翌日休）　免費入園、遊樂設施100～300円　高知市桟橋通6-9-1　土佐電交通桟橋車庫前電車站步行10分　P免費

◀都市型的小小動物園

CLOSE UP

酒之王國・高知特有的宴會料理「皿鉢料理」
將壽司、生魚片、烤物等高知美食豪邁盛裝在大盤子裡的「皿鉢料理」，吃法自由搭配，可以不被規則束縛，盡情暢享高知美食。

得月楼
●とくげつろう

☎088-882-0101　MAP 46F-3

🕘11:00～14:00、17:00～22:00（晚上為預約制）
休不定休　高知市南はりまや町1-17-3　土佐交通播磨屋橋電車站步行3分　有合作停車場

◀皿鉢料理僅2人以上可預約。1人份9900円～
（照片為示意圖）

海鮮居酒屋 龍馬屋
MAP 46D-2

居酒屋

●かいせんいざかやりょうまや　☎088-802-3858　美食

江戶時代持續經營到現在的魚店
除了直接向漁夫進貨的鰹魚之外，還有許多使用土佐新鮮海產的料理。可以和完全使用土佐腔的老闆聊天。

🕘18:00～售完打烊　休不定休　高知市追手筋1-9-31　JR高知站步行15分

◀點餐後開始烹調的炙燒鹽味鰹魚半敲燒 2塊440円～

明神丸 本店
MAP 46E-3

居酒屋

●みょうじんまるほんてん　☎088-820-6505　美食

以土佐特有的漁夫料理、活魚自豪
有非常大量使用當地食材的漁夫料理。除了可品嘗店家招牌鹽味半敲燒之外，還有醬汁半敲燒、生魚片等各種鰹魚料理。

🕘17:00～23:00　休週一　高知市本町1-1-2 八千代ビル1F　土佐電交通桟橋詰電車站即到

◀鹽味鰹魚半敲燒（8塊）1518円

居酒屋　こうじ家
●こうじや　📞088-875-1233　MAP 46E-2　美食

地酒和高知食材的組合
能品嘗到港口直送的鰹魚、錢鰻等當地漁獲以及地雞土佐次郎。身為品酒師的店長精心挑選出的高知地酒有15種。

🕐17:00～22:00
休週日（逢連假則休最後一日）
📍高知市廿代町7-23 マツチヨビル2・3F
🚃JR高知站步行10分

➡番茄燉煮土佐次郎地雞980円等

拉麵　豚太郎 介良店
●とんたろうけらてん　📞088-860-1116　MAP 48D-2　美食

味噌×炸豬排×拉麵的組合
「味噌炸豬排拉麵」起源自豚太郎運送炸豬排定食時，豬排不小心掉進拉麵裡。現在已經是高知名產。

🕐11:00～21:00
休週四、第1、3週三
📍高知市介良乙1060-6
🚃土佐電交通田邊島電車站步行10分
P免費

味噌炸豬排拉麵990円 上面放著一口尺寸豬排的

烤雞串　やきとりせいわ
📞088-882-3064　MAP 46E-2　美食

土佐燒和達珍和牛最受歡迎
名產土佐燒（450円）是味噌口味的雞皮炒韭菜原創料理。同樣用韭菜炒牛舌、牛肝、瘤胃的達珍（700円）也大受好評。

🕐17:00～21:00
休週三、日、假日
📍高知市はりまや町2-3-1
🚃JR高知站步行10分

約有80種烤雞串

雜貨　ほにや本店
●ほにやほんてん　📞088-872-0072　MAP 46D-3　購物

有許多可愛的日式商品
有許多將「日式風格」改造成現代風，適合經常使用的生活雜貨。在使用美麗色彩描繪的和風圖案中加入玩心的原創商品也值得注目。

🕐11:00～19:00
休週三（逢假日則有變動）
📍高知市帶屋町2-2-4
🚃土佐電交通堀詰電車站步行5分
P有合作停車場

➡零錢卡片口金包各2200円

咖啡廳　津野町アンテナショップ 満天の星
●つのちょうアンテナショップ まんてんのほし　📞088-883-5039　MAP 49C-2　咖啡廳

可暢享焙茶甜點的焙茶專賣店
可品嘗到使用四萬十川源流域的津野町特產焙茶所做的甜點。附設販售津野町產蔬菜和加工品等的商店。

🕐9:30～17:00（咖啡廳為11:00～）
休無休
📍高知市南川添24-15
🚃JR高知搭土佐電交通巴士5分，南川添下車步行5分
P免費

焙茶霜淇淋「福三味」770円

日本酒酒吧　土佐酒バル
●とさしゅバル　📞088-823-2216　MAP 46D-2　美食

高知共18間釀酒商的地酒全部備齊
純米酒、大吟釀、以日本酒為基底的利口酒和氣泡酒等約有120種品牌。還可搭配約10種小菜料理一起享用。

🕐18:00～24:00
休週三（逢假日前日則翌日休）
📍高知市追手筋1-9-5
🚃土佐電交通堀詰電車站步行3分

➡3種酒試喝（1杯30㎖）600円～等

高知誕生的「冰淇淋」　1×1=1
CLOSE UP
●いちかけるいちはいち

高知代表性的「冰淇淋」，沙沙的口感帶有懷舊的甜味，特色是後勁清爽。除了店舖之外，國道沿線和觀光地都有搭設涼棚的小賣店在販售。

📞088-882-4852
MAP 46F-3
🕐9:00～18:00
休週三（逢假日則營業・6～8月無休）
📍高知市南はりまや町2-3-12
🚃土佐電交通播磨屋橋電車站步行5分

➡冰淇淋2層150円～
原料僅有砂糖、雞蛋、脫脂奶粉、香蕉、香料的簡單冰淇淋

紙雜貨　Paper message おびやまち店
●ペーパーメッセージ おびやまちてん　📞088-822-1156　MAP 46D-3　購物

高知主題的紙雜貨
有許多原創設計的紙製品。畫有高知特產如鯨魚、鰹魚、鳴子等圖案的留言卡伴手禮也很有人氣。

🕐11:00～19:00　休無休
📍高知市帶屋町1-13-23 アベニュービル1F
🚃土佐電交通堀詰電車站即到

鯨魚（大）、鰹魚（大）各220円、鳴子165円

和紙製品　土佐和紙工房 Papier
●とさわしこうぼうパピエ　📞088-880-9185　MAP 46F-2　購物

質地溫和的土佐和紙
土佐和紙專賣店，主要陳列女店長身兼抄紙師傅的作品。也有販售可感受和紙特有溫暖的團扇和小信紙袋。

🕐10:00～17:00　休週二、三
📍高知市はりまや町2-8-11
🚃JR高知站步行10分
P免費

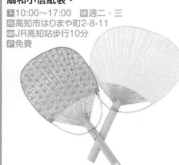
➡顏色很漂亮的團扇660円～

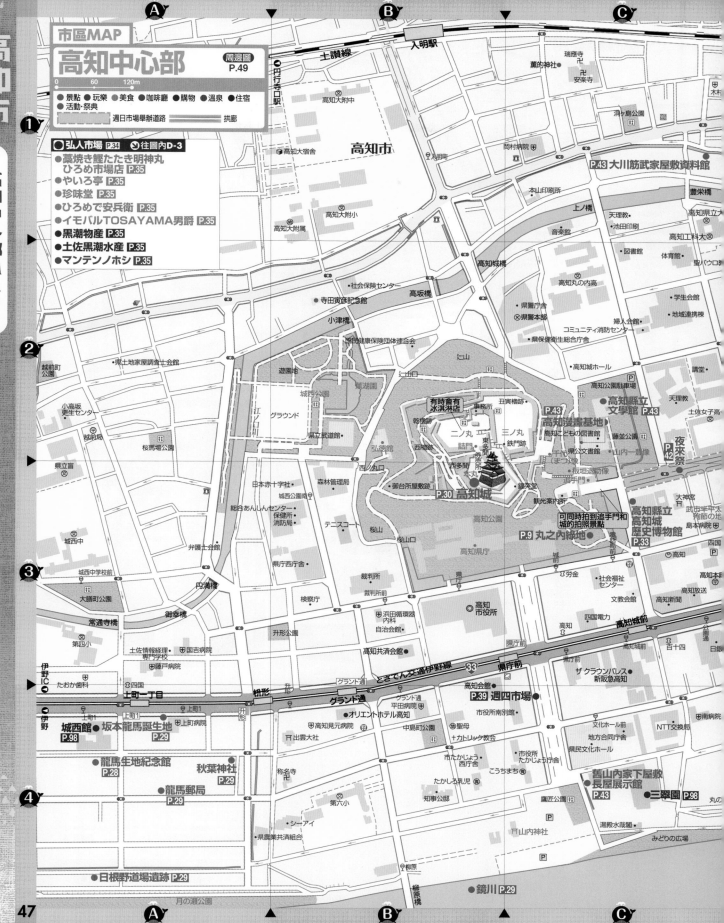

高知中心部MAP

市區MAP
高知中心部

周邊圖 P.49

0　60　120m

● 景點　● 玩樂　● 美食　● 咖啡廳　● 購物　● 溫泉　● 住宿
● 活動·祭典

週日市場舉辦道路　　　　拱廊

Ⓞ 弘人市場 P.34　　Ⓞ 往圖內D-3
● 藁燒き鰹たたき明神丸
　ひろめ市場店 P.35
● やいろ亭 P.35
● 珍味堂 P.35
● ひろめで安兵衛 P.35
● イモバルTOSAYAMA男爵 P.35
● 黑潮物産 P.35
● 土佐黑潮水産 P.35
● マンテンノホシ P.35

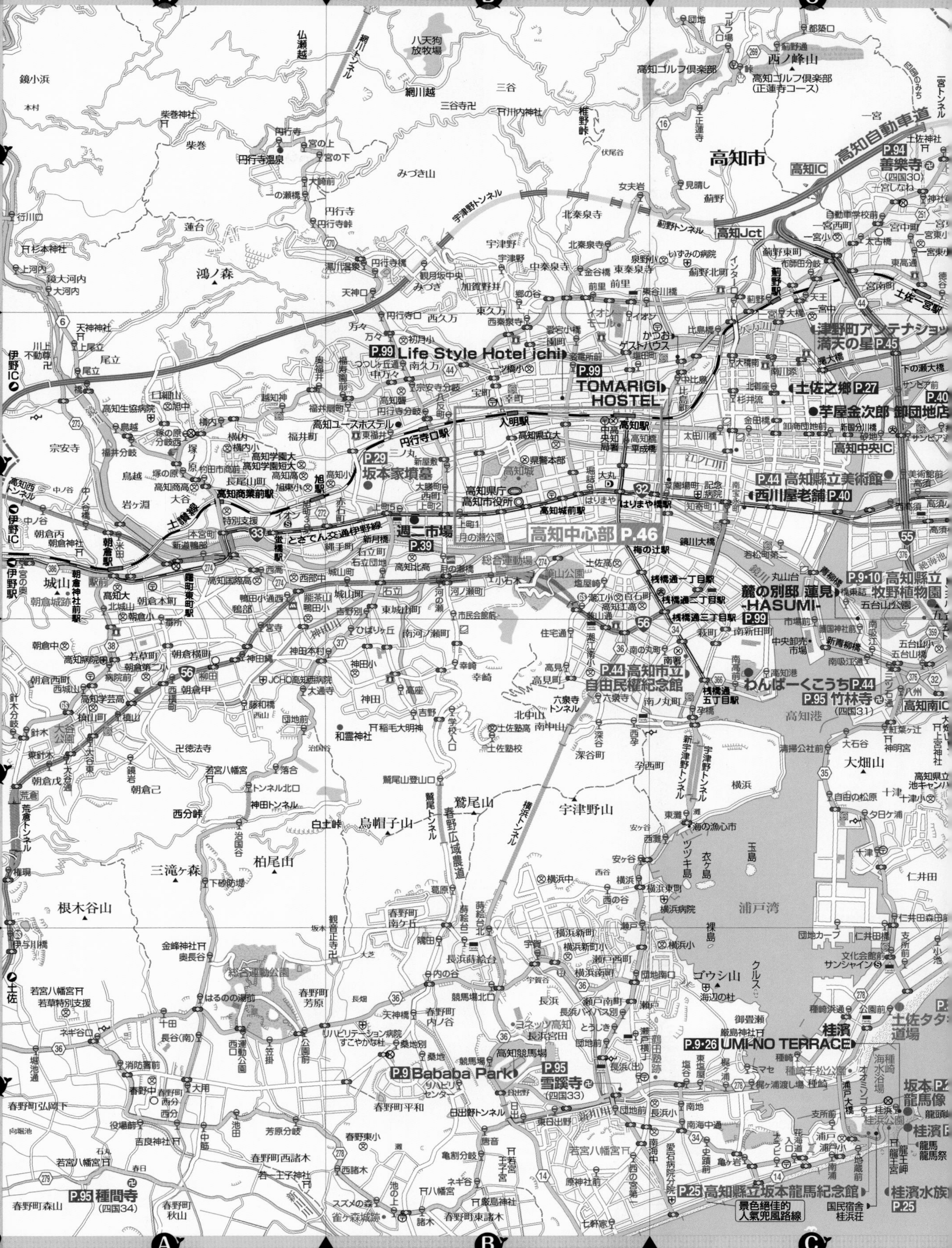

高知市
高知自動車道
高知IC
高知Jct
伊野IC
高知中央IC
高知南IC
P.99 Life Style Hotel ichi
P.99 TOMARIGI HOSTEL
P.27 土佐之鄉
芋屋金次郎 卸団地店
P.40
P.45 津野町アンテナショップ 満天の星
P.44 高知縣立美術館
西川屋老舗 P.40
高知中心部 P.46
P.29 坂本家墳墓
週二市場
P.39
P.9·10 高知縣立牧野植物園
蘿の別邸 蓮見 -HASUMI- P.99
P.44 高知市立自由民權紀念館
わんぱーくこうち P.44
P.95 竹林寺
(四国31)
P.94 善樂寺
(四国30)
P.9·26 UMI-NO TERRACE
P.9 Bababa Park
P.95 雪蹊寺
(四国33)
P.95 種間寺
(四国34)
P.25 高知縣立坂本龍馬紀念館
景色絕佳的人氣兜風路線
P.78 土佐タタキ道場
桂濱
坂本龍馬像
桂濱公園
桂濱水族館 P.25
国民宿舎桂浜荘
高知駅
入明駅
円行寺口駅
高知城
高知県庁
高知市役所
高知城前駅
はりまや橋駅
梅の辻駅
朝倉駅
伊野駅
高知商業前駅
旭駅
蛍橋駅
枡形駅
とさでん交通伊野線
土讃線
宇津野トンネル
鏡川
浦戸湾
高知港
浦戸大橋
鷲尾山
烏帽子山
宇津野山
柏尾山
三滝ヶ森
根木谷山
鴻ノ森
大畑山
ゴウシ山
八天狗放牧場
網川越
仙瀬越
椎野峠
円行寺温泉
みづき山
西ノ峰山
高知ゴルフ倶楽部
高知ゴルフ倶楽部(正蓮寺コース)
総合運動公園
高知競馬場
種崎千松公園
横浜
衣ヶ島
玉島
ツヅキ島
春野町西諸木
春野町弘岡下
春野町森山
春野町秋山
春野町東諸木

長頸鹿的用餐時間
週六日、假日的13:30～
從和長頸鹿一樣高的熱帶草原眺望台上可看到餵食的模樣。長頸鹿的臉就近在眼前！

馬的胡蘿蔔時間
週六的13:30～週日、假日的11:45～
（先抵達的30名遊客、雨天中止）
可以餵馬吃切成小塊的胡蘿蔔。

幕後探險
每月第2週日的13:00～
（名額20人）
由飼養員帶領介紹動物園後院。有4條路線每月輪流替換。

我在溫帶森林區唷♪

來這裡跟人氣動物見面♪
樂趣 **1**

.....

非洲區的人氣王♪大家一起來見見牠們喔！

小熊貓 小柚
個性活潑、好奇心旺盛的男孩子

鯨頭鸛 莎莎
以不動的鳥知名

山魈 小龍（公）和芒果（母）
典型特徵是有一張色彩鮮艷的臉

樂趣 **2**
各種各樣的活動

在高知縣立 ④大樂趣重點介紹 野市動物公園遊玩

JR高知站約18km，車程約35分

園內MAP

野餐廣場
溫帶森林
長臂猿繩塔（長臂猿舍）
浣熊餐廳
動物科學館
野草莓禮品店
兒童動物園
熱帶森林
非洲區
蝙蝠舍
澳洲區
松鼠小徑
報時鐘
熱帶雨林館
休息區 POREPORE
入口 大門
P 太陽能發電系統
P

香南市 高知縣立野市動物公園 ★こうちけんりつのいちどうぶつこうえん
在19.9ha遼闊的園裡，飼養了約100種1100隻動物。不使用籠子或柵欄，重現野生動物生活環境的展示方式大受好評。在旅遊評論網站「Tripadvisor」的「日本人最愛的動物園・水族館排行榜2020」中榮獲第1名。到備受關注的動物園去看看在此悠閒生活的動物們吧。
☎ 0887-56-3500 MAP 52A-1
🕘 9:30～16:00 休週一（逢假日則翌日休） ¥入園費470円
所香南市野市町大谷738 🚃土佐黑潮鐵道野市站步行20分 P免費

網紋長頸鹿的身體檢查
透過移動幫浦型裝置，可感受到長頸鹿的血壓。也有可感受心跳的裝置。

樂趣 **3**
前往有許多體驗區的動物科學館！
以「挑戰動物們！」為主題，透過遊戲來快樂學習動物的能力和身體構造。也會播放動物相關的影片和展示資料等。

和馬來熊比力氣
馬來熊會伸出手來，在時間限制內互推，結束後可測出自己的力氣強度。

小熊午餐 800円
小熊在五顏六色的餐盤裡玩躲貓貓。附手工餅乾
可在這裡吃到！
浣熊餐廳
🕚11:00～14:00

野市Zoo 法蘭酥 （10片裝）650円等
也有很多工作人員合力開發的原創餅乾和商品

烏龜咖哩 780円
米飯變身成烏龜！其他地方可看不到這麼可愛的咖哩

樂趣 **4**
也別忘了美食＆伴手禮

可在這裡買到！
野草莓禮品店
🕘9:30～16:50

資料夾 各280円
有鯨頭鸛和園內地圖的款式，A4大小

和斑馬比速度
在規定的距離跑步，實際測量速度。和動物的平均時速比較看看吧。

高知縣立野市動物公園／香南區域導覽

複合施設

創造廣場「ACTLAND」

旅行 **PICK UP**

●そうぞうひろばアクトランド

☎0887-56-1501

玩樂

集結藝術、文化、技術的有趣空間

龍馬歷史館、繪金派藝術畫廊等8個充滿個性的展示館全部匯集於此。在可免費玩樂的「自遊空間」裡，有超巨大攀爬架和腳踏車旋轉木馬等，都是罕見又獨特的遊樂設施。

⏰10:00～18:00　休週一（逢假日則翌日休）
￥視設施而異　所香南市野市町大谷928-1
🚃土佐黑潮鐵道野市站步行10分
🅿免費

評論！
加入全新聲光效果演出的龍馬歷史館非常有臨場感

↖有許多好玩的遊樂設施！

↖有巨大攀爬架等

聲光效果演出讓龍馬歷史館更具臨場感

MAP 52A-1

MAP 52A-1

保留江戶風情和文化

香南

●こうなん

面臨土佐灣，可直接感受到太平洋之宏偉的區域。保留藩政時期商都繁榮面貌的赤岡地區，是江戶時代畫家繪金的淵源之地。

區域導覽

仁淀川周邊　香美
高知市　★香南
南國

博物館

MAP 52A-1

四國汽車博物館

●しこくじどうしゃはくぶつかん

☎0887-56-5557

景點

世界名車齊聚一堂

展出60年代～80年代具有代表性，極為稀有的昂貴賽車和拉力賽車、機車等共65輛。以歐洲車為主。

⏰10:00～16:00　休週一、二（逢假日則開館）
￥入館費800円　所香南市野市町大谷896
🚃土佐黑潮鐵道野市站步行10分　🅿免費

↖名車雲集
蘭吉雅和愛快・羅密歐等

CLOSE UP

走在繪金之町
遊逛赤岡地區

漫步在赤岡地區時，可以感受到在保留城鎮歷史的同時，也蘊含再生精神。7月的第3週六、日會以赤岡町的商店家為舞台，舉辦「土佐赤岡繪金祭」。

弁天座
●べんてんざ

☎0887-57-3060

景點

MAP 52A-2

有壯觀的方形包廂和格子狀天花板

明治到昭和時代的日本人相當熟悉的劇場小屋復活。沒有公演時可參觀館內的一部分。

⏰9:00～17:00　休週一（逢假日則翌平日休，有人包場時無法參觀）　￥免費參觀　所香南市赤岡町795
🚃土佐黑潮鐵道赤岡站步行7分　🅿免費

繪金藏
●えきんぐら

☎0887-57-7117

景點

MAP 52A-2

展示江戶時代的繪師・金藏，通稱「繪金」所留下的極繽紛劇場繪屏風。仿蠟燭照明觀賞的展示室等設有特殊機關。

⏰9:00～17:00（入館截止時間16:30）
休週一（逢假日則翌平日休）
￥入館費520円　所香南市赤岡町538
🚃土佐黑潮鐵道赤岡站步行7分　🅿免費

注意鳥的翅膀和人物的腳趾等細膩描繪

あの頃雜貨店 おっこう屋
●あのころざっかてんおっこうや

☎0887-55-3468

購物

MAP 52A-2

販售大正時代的和服、古董、縣內藝術家的雜貨等。可感受到古今交錯的神秘氛圍。

⏰10:00～18:00　休週四　所香南市赤岡町448-1
🚃土佐黑潮鐵道赤岡站步行5分　🅿免費

↖環保袋（土佐袋）
3000円～

↖也有和紙染體驗（預約制）

咖啡廳 　　　　　　　　　　MAP 52B-1

德中庵
● とくちゅうあん　　☎0887-55-4851　☕咖啡廳

寧靜的深山風景可療癒內心

和風室內裝潢的舒適古民宅咖啡廳。在每個房間分開的座位可享用和風甜點，並可眺望精心整頓的庭園放鬆休息。

🕐10:00～16:30 (冬季為～15:30)
🈺週二、三 (逢假日則營業)　🏠香南市香我美町山北3408　�土佐黑潮鐵道野市站搭香南市營巴士17分，市場前下車步行10分　🅿免費

那一天的頂級生菓子和抹茶650円

公園 　　　　　　　　　　MAP 52B-2

高知縣立月見山兒童森林
● こうちけんりつ つきみやまこどものもり　　☎0887-55-1682　🎵玩樂

可體驗、學習大自然的公園

設有可以一覽宏偉太平洋的瞭望臺、野外運動區、露營區的綠意盎然公園。也可以體驗木頭工藝。

🕐8:30～17:15　🈺無休　💴免費入園，使用大自然恩惠的木頭工藝體驗等 (需預約) 100円～　🏠香南市香我美町岸本1269-7 こどもの森ハウス　�土佐黑潮鐵道香我美站步行20分　🅿免費

主要登山口

體驗 　　　　　　　　　　MAP 52B-3

YASU海之站俱樂部
● ヤスうみのえきクラブ　　☎0887-57-1855　🎵玩樂

以太平洋為舞臺盡情玩樂

舉辦海洋獨木舟和BIG SUP等各式各樣的海上活動。也可體驗穩定的小型遊艇、帆船。

🕐8:30～17:30　🈺週一　💴BIG SUP3500円 (3人起另預約制)　🏠香南市夜須町千切536-19 香南市マリンスポーツ施設　�土佐黑潮鐵道夜須站步行3分　🅿免費

會有教練協助，初學者也能安心

酒 　　　　　　　　　　MAP 52A-2

高木酒造
● たかぎしゅぞう　　☎0887-55-1800　🛍購物

購買土佐的地酒當伴手禮

在赤岡舉行的「Dorome祭」中大杯倒酒的「豐能梅」釀酒廠，容易入口且爽口的辛口酒備受喜愛。1週前預約可免費參觀酒藏。

🕐8:00～17:00　🈺週六日、假日　🏠香南市赤岡町443　�土佐黑潮鐵道赤岡站步行5分　🅿免費

豐能梅 純米大吟釀 龍奏 (720ml) 4015円

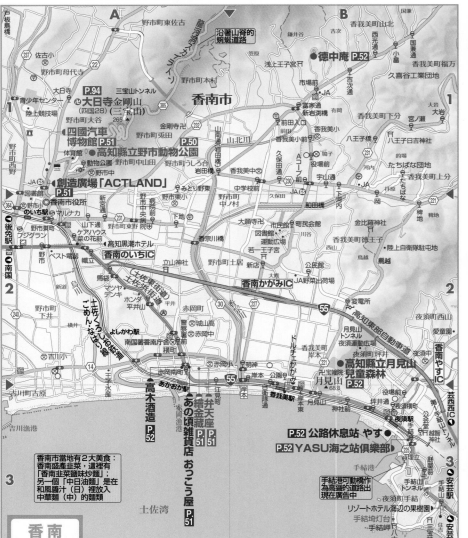

香南市

香南市當地有2大美食：香南盛產韭菜，這裡有「香南韭菜麵味炒麵」；另一個「中日麵」是在和風醬汁 (日) 裡放入中華麵 (中) 的麵類

香南
周邊圖 P.102D-3
0　400　800m

CLOSE UP

在可眺望海的公路休息站暢享水果冰棒

公路休息站 やす
● みちのえきやす

這裡匯集了農產直銷處、餐廳、伴手禮店等6間店。順便到使用夜須町水果做冰棒的人氣景點「mana‧mana」來逛逛。

比鄰夜須站　　Ya Sea水果 418円　土佐文旦草莓418円

☎0887-57-7122　　MAP 52B-3

🕐8:00～18:00，餐廳為11:00～21:00，mana‧mana為11:00～17:00 (週六日、假日為9:00～)　🈺mana‧mana為週三 (逢假日則翌日休)；視店舖而異　🏠香南市夜須町千切537-90　�土佐黑潮鐵道夜須站即到　🅿免費

●景點　●玩樂　●美食　●咖啡廳　●購物　●溫泉　●住宿　●活動‧祭典　㊝四國八十八札所

博物館　MAP 48E-2

海洋堂SpaceFactory南國
● かいようどうスペースファクトリーなんこく
☎ 088-864-6777　景點

親身體會海洋堂的製作過程

可在仿造成太空船的館內，參觀海洋堂親手打造的巨大立體透視模型和製作現場。也會舉辦立體透視模型、模型上色體驗等豐富多彩的工作坊。

⏰ 10:00~18:00　休週二　免費入館、體驗需付費
地 南国市大そね甲1623-3　交 JR後免站步行10分
P 免費

← 如太空船般的外觀

博物館　MAP 48E-1

高知縣立歷史民俗資料館
● こうちけんりつれきしみんぞくしりょうかん
☎ 088-862-2211　景點

在岡豐城遺跡與土佐的歷史相會

建於戰國武將長宗我部作為居城的岡豐山上。綜合展示室和長宗我部展示室裡介紹了高知的歷史和民俗，並經常舉辦企劃展。

⏰ 9:00~17:00　休無休　參觀費470円（企劃展、特別展費用另計）　地 南国市岡豊町八幡1099-1　交 JR站搭土佐電交通巴士30分，学校分岐下車步行15分　P 免費

← 可欣賞城跡和四季更迭的花草

區域導覽

高知縣的空中大門

南國
● なんこく

擁有高知機場的南國市，是運用豐沃耕地和溫暖氣候的水果產地，四處都有能夠採收水果的設施。

高知市　香美　★香南
仁淀川周邊　★
南國

和菓子　MAP 48E-1

へんろいし饅頭
● へんろいしまんじゅう
☎ 088-864-2644　購物

深受遍路朝聖者喜愛的日式饅頭

明治時代創業以來便製造、販售蒸饅頭「遍路石饅頭」。Q彈的外皮和甜味適中的內館味道，吃起來質樸美味。

⏰ 8:00~17:00　休無休　地 南国市下末松433-1
交 土佐黑潮鐵道後免町站搭土佐電交通巴士4分，へんろ石下車即到　P 免費

← 遍路石饅頭（5顆裝）450円

鰻魚料理　MAP 48E-3

かいだ屋
● かいだや
☎ 088-865-3740　美食

品嘗優質鰻魚

會先將嚴選鰻魚宰殺處理好，點餐後再放入炭火仔細烘烤，外香內嫩。白飯使用的是合作農家栽培的越光米。

⏰ 11:00~13:30、16:30~售完打烊（週六日、假日為11:00~售完打烊）
休週一、二　地 南国市浜改田1330-3　交 土佐黑潮鐵道後免町站搭土佐電交通巴士16分，八松通下車即到　P 免費

➔ 鰻魚烤得鬆軟可口。鰻魚丼1900円~

和·洋食　MAP 48E-1

れストランゆず庵
● れストランゆずあん
☎ 088-866-4141　美食

有許多充滿創意的餐點

充滿玩心、展現土佐豐富魅力的餐廳。懷舊的炸鯨魚肉和半釉汁蛋包飯套餐（1969円）等餐點很有人氣。

⏰ 11:00~20:00
休無休　地 南国市岡豊町常通寺島109-1　交 JR後免站搭計程車5分　P 免費

➔ 也有炙燒鰹魚體驗（需預約）

1 展示&販售當季花卉

園內栽培了約200種花草。

➔ 天花板上有一整片鮮艷盛開的花卉

➔ 香甜多汁的麝香哈密瓜

➔ 購買水果券(780円)可試吃西瓜和哈密瓜

3 在草莓咖啡廳小休片刻

餐點使用的大量蔬果，是由園內採收而來。

哈密瓜鬆餅　1080円

哈密瓜的尾巴(大)　1380円

2 一整年都可吃到西瓜&哈密瓜

1棵樹只會栽種1顆果實。所有營養和精華全部濃縮在這顆精心挑選的果實裡，味道濃郁醇厚。

1~6月期間限定的採草莓活動也很受歡迎！

➔ 一年可以收穫三次

CLOSE UP

稍微走遠一點
前往西島園藝區吧！
● にしじまえんげいだんち

在廣大的腹地裡有好幾排溫室的觀光農園。購買水果券可試吃全年都有栽種的哈密瓜和西瓜。享用午餐和甜點的同時，一邊欣賞繽紛的花朵，感受格外不同。

☎ 088-863-3167
MAP 48E-1

⏰ 9:00~17:00　休無休　免費入場，水果券780円　地 南国市廿枝600　交 土佐黑潮鐵道後免町站搭土佐電交通巴士6分，古市下車步行10分　P 免費

龍河洞
● りゅうがどう

☎ 0887-53-2144
（龍河洞保存會）景點

歷經悠久時光打造的鐘乳石洞
歷經1億7500萬年經年累月形成的鐘乳石洞，獲指定為天然紀念物，全長4km，其中約1km對外開放。洞內除了有高11m的天降石之外，還散布著瀑布和古代史跡。特別是踏水而行的「西本洞／水之洞窟路線」還可體驗冒險氛圍。

⏰ 8:30～17:00（12～2月至16:30）
🈳 無休
💴 入場費1200円（冒險路線、西本洞／水之洞窟路線為預約制，費用另計）
🏠 香美市土佐山田町逆川1424
🚌 JR土佐山田站搭土佐電交通巴士23分，龍河洞下車即到
🅿 免費

西本洞／水之洞窟路線可感受龍河洞的地下溪流（預約制，形成需時約30分）

小時約30分險路線（預約制，需時約1）約200m充滿起伏的冒

評論！
踏水而行的西本洞／水之洞窟路線充滿刺激感！！

◆左上：洞窟出口休息處　左下：這裡也有龍河洞博物館　右上：考古學上世界唯一的珍寶。是龍河洞最看點　右下：可以看到各種形狀大小的鐘乳石

龍河洞最大的鐘乳石「天降石」

香美
● かみ

以麵包超人作者柳瀨嵩氏的出身地而聞名。日本數一數二的鐘乳石洞龍河洞、賞楓名勝別府峽也讓人想一探究竟。

區域導覽

仁淀川周邊
高知市　香南　★香美
南國

［香美］

瀑布　MAP 102E-2

轟之瀑布
● とどろのたき

☎ 0887-52-9286
（香美市香北支所地域振興班）景點

景觀會隨著四季變化
榮登日本瀑布百選、落差約82m的三段瀑布。周圍的青山和水花濺起的白色瀑布對比真是美不勝收。

🏠 香美市香北町猪野々柚ノ木
🚗 南国IC車程32㎞
🅿 免費

◆非常值得一看的瀑布

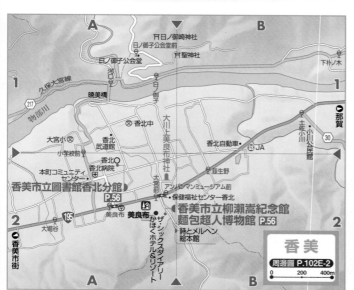

香美
周邊圖 P.102E-2
0　200　400m

前往劍山國定公園群山
爬上三嶺&白髮山

矗立於德島縣境的三嶺（海拔1894m）和位於其南方的白髮山（海拔1770m），是縣內首屈一指的名山。以山頂的絕景為目標，挑戰登山吧。

☎ 0887-52-9289（香美市物部支所地域振興班）
MAP 102F-1

CLOSE UP

從登山口到三嶺山頂約4小時、到白髮山山頂約1小時的路線

◆從三嶺山頂附近看到的景色

●景點　●玩樂　●美食　●咖啡廳　●購物　●溫泉　●住宿　●活動・祭典

咖啡廳　MAP 102E-2
湖畔遊
●こはんゆう
☎0887-59-4777　咖啡廳

使用縣產食材的午餐深具魅力
面對物部川的杉田大壩湖的隱密咖啡廳。可品嘗到使用高知食材的午餐。也有源泉放流式的溫泉，可住宿，也可純泡溫泉。
⏰咖啡廳為11:00～14:00、溫泉為11:00～16:00（16:00以後為包場，需預約），視時期而異　🈺週二、三（假日照常營業）　💴入浴費850円　📍香美市香北町有瀬100　🚗南國IC車程17km　🅿免費

← 泡在可眺望湖泊的溫泉裡療癒身心

森林公園　MAP 102D-2
甫喜峰森林公園
●ほきがみね　しんりんこうえん
☎0887-57-9007　玩樂

呼吸新鮮空氣，暢享大自然
位於海拔370～610m處的廣大森林公園。北方是四國連峰，南方可從高知平原一覽太平洋，擁有絕佳地利位置。
⏰9:00～16:30　🈺無休　💴免費入園　📍香美市土佐山田町平山　🚗南國IC車程12km　🅿免費

← 學習展示館裡也會舉辦企劃展

溪谷　MAP 102F-1
別府峽
●べふきょう
☎0887-52-9289　景點

德島縣境附近的賞楓名勝
廣布於劍山國定公園內物部川源流域的峽谷。經年累月下來受到侵蝕的石灰岩形成陡峭地形，山的表面染上整片紅葉的秋季景觀值得一看。
📍香美市物部町別府　🚗南國IC車程52km　🅿免費

（香美市物部支所地域振興班）
← 紅葉季的景觀特別美麗

不住宿溫泉　MAP 102D-3
療癒湯宿 龍河溫泉
●いやしのゆやど　りゅうがおんせん
☎0887-53-4126　溫泉

建於靜謐的山間
可不住宿，純利用閒靜的溫泉旅館浴池，眺望樹林的綠意放鬆身心。使用土佐新鮮海產的料理也大受好評。
⏰15:00～20:00（週日為11:00～）　🈺週三、四（有變更的情況）　💴入浴費900円　📍香美市土佐山田町佐古藪430-1　🚃JR土佐山田站搭計程車10分　🅿免費

← 可從大窗戶欣賞樹林的綠意

不住宿溫泉　MAP 102F-1
別府峽溫泉
●べふきょうおんせん
☎0887-58-4181　溫泉

可從大浴場眺望槙山川
位於別府峽下游大約2km處的溫泉。大浴場位於本館的平屋別館，敞開的窗戶外面有槙山川流過。
⏰7:30～21:30　🈺週三　💴入浴費800円　📍香美市物部町別府452-8　🚗南國IC車程50km　🅿免費

← 擁有四國數一數二的泉質

咖啡廳　MAP 102D-2
RUFDiP
●ラフディップ
☎0887-59-2500　咖啡廳

主打鬆鬆軟軟的刨冰
建於閒靜地區的咖啡廳。主打鬆鬆軟軟的刨冰，淋上自家菜園栽種的山桃和琵琶等水果製成的糖漿。冬天也會販售輕食。
⏰11:00～17:00　🈺週二（視時期而異）　📍香美市香北町太郎丸510-1　🚗南國IC車程16km　🅿免費

← 刨冰 地瓜牛奶968円

CLOSE UP
前往充滿戶外活動景點的嶺北地區

嶺北地區位於高知北側，前往運用豐富大自然的多元戶外活動景點吧！

Yutorisuto Park Otoyo
●ゆとりすとぱーくおおとよ
☎0887-72-0700
MAP 102D-2
玩樂

海拔777m處出現「雲海甲板」。在露營區和小木屋享受戶外活動之後，還可眺望雲海和星空。本館還有餐廳和迷你列車。
⏰10:00～17:00　🈺週二、有冬季休園　📍大豐町中村大王、4037-25　🚗大豐IC車程11km　🅿免費

← 10～12月的清晨最容易出現雲海

湖之站 sameura lake town
●みずうみのえきさめうらレイクタウン
☎0887-72-9919（sameura canoe terrace）
MAP 103C-2
玩樂

由提供加拿大獨木舟、SUP等活動的sameura canoe terrace、可眺望湖泊邊露營的帳篷園區、附設餐廳的Sameuraso Lakeside Hotel三者所構成。
⏰10:00～17:00（視設施而異）　🈺無休　💴獨木舟7700円～（預約制）　📍土佐町田井146-1　🚗大豐IC車程15km　🅿免費

→ 搭加拿大獨木舟漫步於水上

OUTDOOR VILLAGE MOTOYAMA
●アウトドアヴィレッジもとやま
☎0887-72-9670　MAP 103C-1
玩樂

← 最多可住6人的小木屋

小木屋、餐廳、商店等構成的戶外活動設施。除了住宿之外，還可進行BBQ、健行、獨木舟等戶外活動。
⏰IN15:00、OUT10:00（視時期而異）　🈺無休　💴1泊1室18500円～+1人2750円～　📍本山町本山2133-1　🚗大豐IC車程9km　🅿免費

→ 可純BBQ不住宿

到香美市立柳瀨嵩紀念館

麵包超人博物館 走一趟吧！

建於麵包超人的作者柳瀨嵩氏出身地的紀念館。
除了有為了該館所畫的原畫之外，還有重現麵包超人世界的立體模型，
以及戶外模型等珍貴作品的展示。園區內還有附設「詩與童話繪本館」，
可看到柳瀨氏經手的《詩與童話》雜誌相關作品。

☎0887-59-2300　🕘9:30～
16:30（7月20日～8月31日為
9:00～）　🈺週二（逢假日則翌日
休，春假、暑假期間則無休）　💴入館費800円（與詩與童話繪本
館共用）　📍香美市香北町美良
布1224-2　🚉JR土佐山田站搭JR
四國巴士22分，美良布（アンパン
マンミュージアム）下車步行7分
🅿免費　**MAP** 54A-2

麵包超人有時會出現在屋頂上

可以看到就
太幸運了

有很多種玩樂方法的童話世界！

戰鬥麵包超人
紀念開館15週年所製的麵包超人像，正義的
英雄展現出威風凜凜的姿態。

遊玩方法 2
和戶外模型拍紀念照

巨大細菌人機器人
細菌人駕駛的重達4t的巨大
機器人。眼睛閃爍著紅光，看
起來超厲害。

B1F 麵包超人世界
以立體模型重現麵包超人們生活的
城市，也有可聽到麵包超人聲音的
電話，充滿各種樂趣。

遊玩方法 1
在設置很多機關的館內探險

遊玩方法 3
獲得限定商品！

麵包超人酥餅罐 1188円
印有原畫的酥餅罐。
餅乾也是麵包超人
的臉型

明信片 110円
有許多印有紀念館
收藏作品的明信片

麵包超人馬克杯（黑）935円
印有原畫的原創馬克杯有
多款可選

1F 躲貓貓樹
播放著「麵包超人進
行曲」的巨樹。時間
一到，小夥伴們就會
出來露臉。

1F AtoZ
在26處玻璃板內，
隱藏著「麵包超人
的斗篷」等麵包超
人的祕密。

這裡也要關注！

土讚線麵包超人列車
★どさんせんアンパンマンれっしゃ
JR土讚線上有以麵包超人為設計主題的紅
黃車輛，作為特急「南風」的一部分運行，
起點站和終點站會在車內播放麵包超人的
聲音。
☎0570-00-4592（JR四國電話服務中心）
※岡山～高知區間上下行1日共10班

搭乘麵包超人列車GO！

香美市立圖書館香北分館
★かみしりつとしょかんかほくぶんかん
收藏3000本以上柳瀨嵩氏捐贈的書目，當中有
311本供開架閱覽。車程約15分的地方還有2022
年11月開館的「かみーる」圖書館。
☎0887-52-8080　🕘9:00～12:00、13:00～17:00
🈺週一、第3週四、假日　💴免費入館　📍香美市香北
町美良布1097 香美市基幹集落センター1F　🚉JR土佐
山田站搭JR四國巴士22分，美良布（アンパンマンミュージ
アム）下車步行5分　🅿免費　**MAP** 54A-2

可以讀到柳瀨嵩氏捐贈的書

四萬十・足摺

しまんと・あしずり・しこくカルスト

四國喀斯特

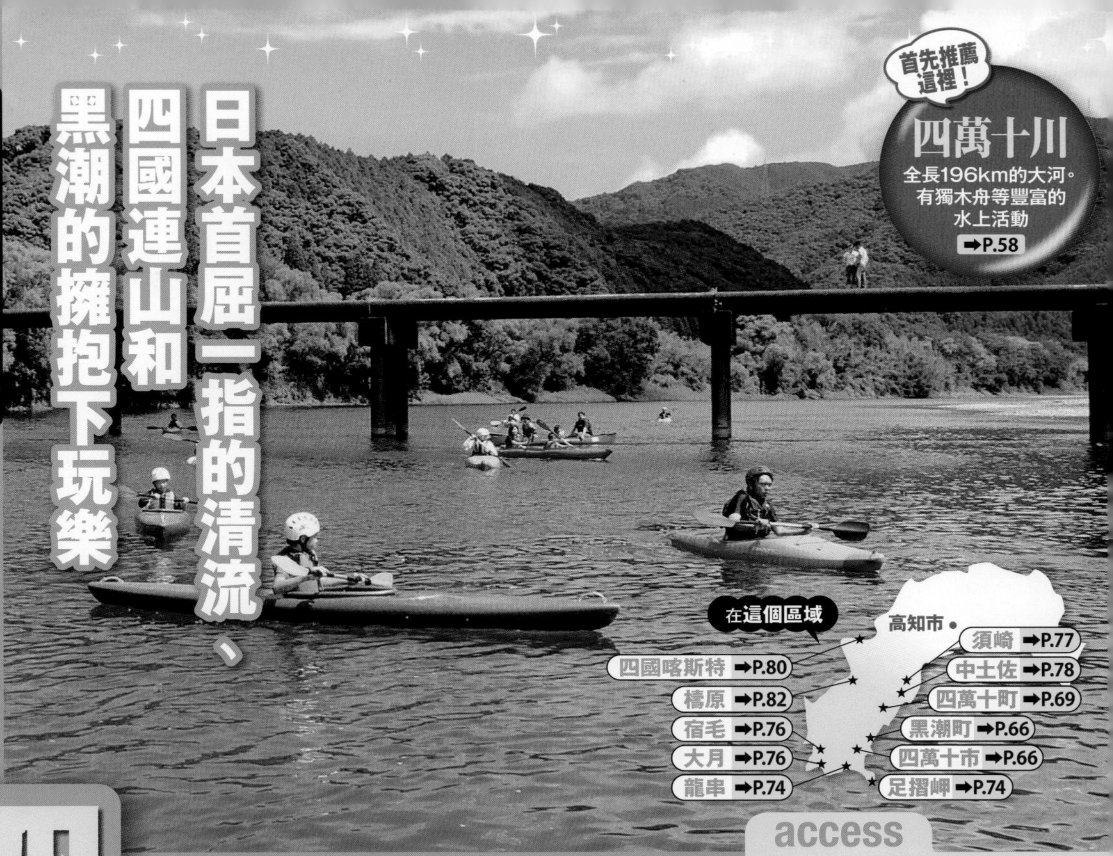

首先推薦這裡！
四萬十川
全長196km的大河。有獨木舟等豐富的水上活動 ➡P.58

黑潮的擁抱下玩樂
四國連山和
日本首屈一指的清流、

在這個區域

高知市

四國喀斯特 ➡P.80
橘原 ➡P.82
宿毛 ➡P.76
大月 ➡P.76
龍串 ➡P.74

須崎 ➡P.77
中土佐 ➡P.78
四萬十町 ➡P.69
黑潮町 ➡P.66
四萬十市 ➡P.66
足摺岬 ➡P.74

高知縣西部地區的主要景點是在全日本也屈指可數的清流四萬十川。來暢享風光明媚的海岸線連綿的足摺岬、海拔1000m級高山連綿的四國喀斯特等大自然美景吧。

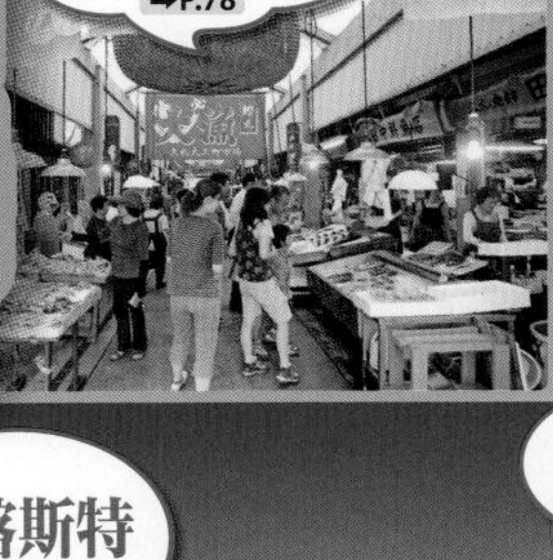

久禮大正町市場
在昭和復古市場購物&吃美食 ➡P.78

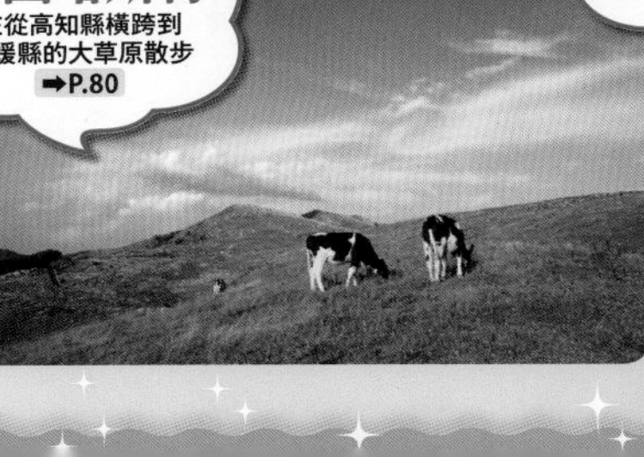

四國喀斯特
在從高知縣橫跨到愛媛縣的大草原散步 ➡P.80

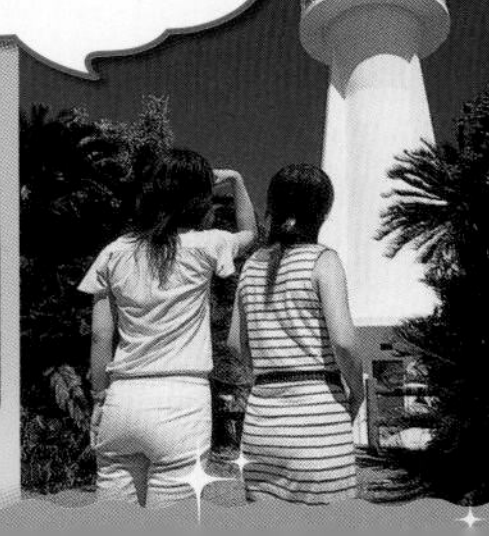

足摺岬燈塔
白色燈塔位於四國最南端的足摺岬 ➡P.70

聯絡資訊

四萬十市觀光協會	0880-35-4171
四萬十町繁榮創出課	0880-22-3281
黑潮町產業推進室	0880-43-2113
土佐清水市觀光商工課	0880-82-1212
桃園町商工會	0889-65-0489
宿毛市商工觀光課	0880-62-1242
大月町城市振興推進課	0880-73-1181
須崎市元氣創造室	0889-42-3951
中土佐町城市振興課	0889-52-2365

access

區間	交通	時間/費用	路線	
中村站	土佐黑潮鐵道 特急「足摺」等	1小時40～55分 5110円	439・56 46.5km	往四萬十市 高知站／四萬十町中央IC
窪川站	JR土讚線、土佐黑潮鐵道 特急「足摺」等	1小時10分 3370円	56 3km	往四萬十町 高知站／四萬十町中央IC
足摺岬	高知西南交通巴士	1小時45分 1900円	27・321・20・56 89km	往足摺岬 中村站／四萬十町中央IC
宿毛站	土佐黑潮鐵道	30分 630円	56 73km	往宿毛 中村站／四萬十町中央IC
橘原	高知高陵交通巴士	1小時10～20分 1820円	197・56 45km	往橘原 須崎站／須崎中央IC
須崎站	JR土讚線 特急「足摺」等	35～50分 2270円	313・56 4.5km	往須崎 高知站／須崎東IC

最後的清流

遊玩／完全導覽

四萬十川

MAP 106D-1

四萬十川是流經高知縣西部的西日本最長河流。在生機勃勃的大自然包圍下，河流周邊充滿各式各樣好玩的景點在等著大家。以下將一舉介紹水上活動和兜風景點等遊玩清單！

Q 四萬十川是怎樣的河川？

源頭位於津野町、海拔1336m的不入山半山腰，流經中土佐町、四萬十町、四萬十市到太平洋，是全長196km的大河。主要支流有35條，戶外活動景點以中流域、下流域為主。

獲選為21世紀想要保留的日本自然100選、名水百選

初學者也可安心的獨木舟

也很推薦舟母船

Q 在這裡可以做什麼？

可以玩到獨木舟、泛舟、遊覽船、浮潛、兜風樂趣等各樣活動。不過四萬十川的河流有急流也有很深的地方，要在這裡遊玩基本上要選擇相關設施或有人的地方才能安心。

四萬十川水上活動項目

兜風	P.60
舟母船	P.60
獨木舟	P.62
高空飛索	P.62
溯溪	P.63
泛舟	P.63
觀光列車	P.63

推薦活動

黑尊溪谷紅葉
四萬十之驛獨木舟館
☎0880-52-2121
11月上旬~下旬
MAP 107C-1

可看到黑尊川溪谷的紅葉。預定賞楓期間每週六、日會在黑尊神田橋周邊販售當地物產等。

四萬十納涼煙火大會
四萬十市觀光協會
☎0880-35-4171
8月最後週六
MAP 66A-2

四萬十市民祭最後壓軸登場的煙火大會。約有6000發煙火點綴四萬十川。

中村舞‧燈籠的台階盛裝遊行
四萬十市觀光商工課
☎0880-34-1126
7月最後週六
MAP 66A-1

可以看到人們扛著燈火通明的燈籠台，走在市區裡的壯觀表演。

入田柳林油菜花
四萬十市觀光協會
☎0880-35-4171
2月下旬~3月中旬
MAP 66A-2

1000萬株油菜花將四萬十川沿岸染成一片黃色。開花期間預定會舉辦各種活動。

※以上時程為2024年7月資訊，日程有變更的可能，請先事先確認。

四萬十川遊玩完全導覽

四萬十紅茶
炸溪蝦

浮潛的人氣景點
黑尊川

三里沉下橋

勝間沉下橋

Q 有什麼美食和伴手禮？

野生香魚、鰻魚、溪蝦、杜父魚、石蓴等清流孕育的四萬十河產，推薦以鹽烤、油炸、天婦羅等簡單的料理方式來享用。也有豐富的河產、附近栽培的茶、紅薑的加工品等伴手禮。

參照➡P.61・64

Q 看點是什麼？

下方有四萬十川悠然流淌的沉下橋，是最符合四萬十川的景色。幾乎每座橋上車子都可通行，但也很推薦用走的慢慢欣賞橋上風景。約有200種水生動物棲息的美麗河川遠近馳名，其中又以支流黑尊川的高透明度最為有名。

什麼是沉下橋？
沉下橋是指當河水上漲時，為了減少水的阻力，刻意不設置欄杆的橋。是四萬十川象徵性的存在，本流有22座，支流有26座。

前往四萬十川區域GO!!

✦ 玩樂Index ✦

高知縣
四万十町
四万十町中央IC
くぼかわ
四万十町西IC
黑潮拳ノ川IC
道路狹窄
窄路很多
幡多郡 黑潮町
四万十市
安並水車之鄉 P.60
舟母浪漫 松廣屋 P.60
宿毛市
中半休憩所
窄路不斷
勝間沉下橋
高瀨沉下橋
四万十カヌーとキャンピングの里 かわらっこ
三里沉下橋
下田ノロ
にしおおがた
井ノ岬
土佐清水

四萬十川MAP
周邊圖 P.104～107

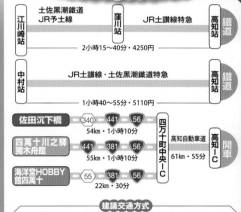

前往四萬十川的交通資訊

鐵道	江川崎站	土佐黑潮鐵道 JR予土線	窪川站	JR土讚線特急	高知站
		2小時15～40分・4250円			

鐵道	中村站	JR土讚線・土佐黑潮鐵道特急			高知站
		1小時40～55分・5110円			

開車	佐田沉下橋	340 441 56	四万十町中央IC	高知自動車道 61km・55分	高知IC
		54km・1小時10分			
	四萬十川之驛 獨木舟館	441 381 56			
		55km・1小時10分			
	海洋堂HOBBY館四萬十	55 381 56			
		22km・30分			

建議交通方式

鐵道
● 前往四萬十川中流域的最近車站為江川崎站，前往下流域的最近車站為中村站
● 想在四萬十川玩得更盡興，建議搭乘可攜帶出租自行車的予土線自行車列車，或是繞行下游到中流域一帶觀光景點的周遊巴士

開車
● 連接四萬十市和四國東部的國道439號，全線窄路很多，需多加留意

樂趣① 踏遍經典景點

四萬十川 奢侈 兜風

在此介紹從悠然流淌的四萬十川下游到中游的一天兜風行程，遊逛沉下橋、博物館等四萬十川流域的魅力景點吧！

遊玩 **四萬十川 完全導覽①**

〜兜風筆記〜
- ●從高知市內出發可走高知自動車道
- ▼下流域的國道441號車道狹窄、彎道多，需特別留意

四万十町中央IC ← 22km 30分 — ⑦海洋堂HOBBY館四萬十 ← 28km 35分 — ⑥おちゃくりcafé ← 即到 — ⑤公路休息站 四万十とおわ ← 17km 20分 — ④岩間沉下橋 ← 26km 40分 — ③佐田沉下橋 ← 3km 10分 — ②舟母浪漫 松廣屋 ← 7.5km 20分 — ①安並水車之鄉 ← 4.5km 10分 — 四万十IC

遊玩 point
- ●可欣賞四萬十川從下游到上游的景色變化
- ●感受開車過沉下橋的刺激體驗！

1 先到有水車轉動的 安並水車之鄉
讓閒逸風景療癒身心
●やすなみすいしゃのさと

在農村風景中看到水車轉動著

從土佐藩山內家的家老——野中兼山開設的水路汲水至水田所設置的水車。明治末期約有50台，現在剩15台觀光用水車在轉動，只能遙想昔日風情。

MAP 106D-2
📞 0880-35-4171
（四萬十市觀光協會）
🕐 自由參觀　🚃 四萬十市安並
🚌 土佐黑潮鐵道中村站搭計程車10分　🅿 免費

2 在 舟母浪漫 松廣屋
搭乘風帆船悠閒遊逛四萬十川
●せんばろまんまつひろや

重現活躍於明治末期到昭和30年代的風帆船。感受著風逆流而上，在佐田沉下橋南方的中州小休片刻後折返。船上會跟著充滿表現張力的方言導遊。

MAP 106D-2
📞 090-9458-3644
🕐 9:15〜16:15每隔1小時航行（預約制、可當天預約）
🏖 無休（視天候可能停航）
⛵ 乘船費2500円　🚃 四萬十市入田16
🚗 四万十町中央IC車程52km
🅿 免費

〜關注這裡〜
「舟母船」是四萬十川流域自古以來的交通手段，是當地人也很熟悉的風帆船。船多時1天會有100艘以上來回交錯，熱鬧非凡。

搭乘需時50分鐘的船上之旅

開車渡過四萬十川最長的沉下橋
佐田沉下橋 3
●さだちんかばし

四萬十川的沉下橋中位於最下游，特色是藍色的橋墩。距離中村站較近，一整年都有許多觀光客來訪。開車渡橋時要小心前進。

〜關注這裡〜
全長291.6m，是四萬十川最長的橋。開車通過沒有欄杆且寬度4.2m的橋充滿刺激感。

📞 0880-35-4171 **MAP 106D-2**
（四萬十市觀光協會）　🕐 自由參觀
🚃 四萬十市佐田　🚌 土佐黑潮鐵道中村站搭計程車20分　🅿 免費

在當地是日常用道路，因此交通量大

⑤公路休息站 四万十とおわ
⑥おちゃくりcafé
四万十町中央IC
道の駅 あぐり窪川
四万十町西IC
須崎・高知
窪川
どんぐりはうす
道の駅 四万十大正
土佐大正
道の駅 よって西土佐
ストローベイル
SANKANYA
四萬十川之驛獨木舟館
江川崎
四万十川
四万十楽舎
④岩間沉下橋
海洋堂かっぱ館
JR予土線
⑦海洋堂HOBBY館四萬十
高知自動車道
勝間沈下橋
③佐田沉下橋
①安並水車之鄉
高瀬沈下橋
②舟母浪漫 松廣屋
四万十IC
中村
土佐くろしお鐵道
道の駅 ビオスおおがた
土佐入野
黑潮拳ノ川IC
↓宿毛　中村宿毛道路

周邊圖 **P.104-106**

4 在岩間沉下橋
拍攝代表四萬十風景的紀念照片♪
●いわまちんかばし

/ 關注這裡 \
從下游開始眺望、拍攝融入周圍大自然景色的沉下橋吧。

在四萬十川的大彎處，展現出融入大自然的美麗景觀。在多數沉下橋當中也是特別有名的風景，曾出現在多個廣告和海報中。

MAP 106D-1
☎ 0880-35-4171（四萬十市觀光協會）
自由參觀 ⬛四万十市西土佐岩間
🚗四万十町中央IC車程60km（經由四萬十市江川崎）
Ⓟ免費

+α 還有很多沉下橋！

四萬十川含支流在內共有48座沉下橋，以下介紹其他有特色的沉下橋。

勝間沉下橋
●かつまちんかばし

有3根橋墩的罕見橋樑。因是電影《釣魚迷日記14》的外景地而聞名。

高瀨沉下橋
●たかせちんかばし

全長約232m，是四萬十川第3長的沉下橋。初夏可看到螢火蟲。

從下游看景色是最好的

HOBBY 館的吉祥物
UMANOSUKEPPI

寫實造形作家的作品

/ 關注這裡 \
可選擇喜歡的部位，體驗製作迷你立體模型。
🕐10:30〜12:00、13:30〜15:00〜（需時1小時・名額各8名）
💰體驗費1650円（含材料費）

7 所到之處全是模型！
在海洋堂HOBBY館四萬十沉浸在夢想世界裡吧
●かいようどうホビーかんしまんと

因模型而聞名的海洋堂設計的博物館。建築物改裝自廢校的國小校舍，可看到怪獸模型和知名造形作家的作品陳列其中，非常值得一看！

MAP 106E-1
☎ 0880-29-3355
🕐10:00〜17:30（11〜2月至16:30）
🈺週二（逢假日則翌日休、暑假期間無休）💴入館費800円
⬛四万十町打井川1458-1 🚃JR打井川站搭計程車10分 Ⓟ免費

這裡也要check!
海洋堂河童館
●かいようどうかっぱかん
➡P.69

深山裡出現奇特的建築物

5 在可看到河景的公路休息站 四万十とおわ
享用山河產美味
●みちのえきしまんととおわ

在附設公路休息站內的とおわ食堂內，可以享用運用四萬十川山河產的料理。也有使用四萬十果實的霜淇淋店家和產地直銷區。

MAP 105C-4
☎ 0880-28-5421
🕐8:30〜17:00，食堂為11:00〜15:00
🈺不定休、食堂為週三
⬛四万十町十和川口62-9
🚗四万十町中央IC車程43km
Ⓟ免費

裝滿四季美味的十和籠御膳1680円，附味噌湯和白飯（內容、金額會視季節而異）

每週四午間會舉行鄉土料理自助餐

6 在充滿四萬十魅力的 おちゃくりcafé
暢享栗子甜點！
●おちゃくりカフェ

附設於公路休息站 四萬十とおわ的河景咖啡廳。可品嘗到使用特產四萬十栗的甜點和四萬十紅茶。

MAP 105C-4
☎ 0880-28-5528
🕐11:00〜15:00、咖啡廳為11:00〜14:30（週六日、假日皆為10:00〜）🈺週三 ⬛四万十町十和川口62-9 🚗四万十町中央IC車程43km Ⓟ免費

主角為栗子的濃郁現擠蒙布朗600円

買四萬十紅茶30g 648円當伴手禮

季節蛋糕大受歡迎
ストローベイルSANKANYA ☕咖啡廳
●ストローベイルサンカンヤ

可愛的灰泥建築

位於公路休息站よって西土佐（P.68）的蛋糕店。使用西土佐蔬果的蛋糕大受好評。

☎ 0880-31-6070 **MAP** 68A
🕐10:00〜17:00 🈺週二（3〜11月無休）
⬛四万十市西土佐江川崎2410-3 道の駅 よって西土佐內
🚃JR江川崎站步行15分 Ⓟ免費

充滿四萬十美味的當地漢堡
どんぐりはうす 🍴美食
●どんぐりはうす

使用在四萬十川流域飼養的四萬十牛，以及當地蔬菜的漢堡備受喜愛的烘焙坊。

MAP 68A
☎ 0880-52-1525
🕐10:00〜19:00 🈺週二
⬛四万十市西土佐江川崎214
🚃JR江川崎站步行10分

四萬十牛漢堡500円

樂趣②

四萬十川的 感受清流！ 水上活動！

推薦透過豐富多元的水上活動，更加親近四萬十川。
以下將介紹經典的獨木舟和高空飛索等豐富活動項目。

四萬十川之驛獨木舟館
● しまんとかわのえきカヌーかん

建於四萬十川中流域的沿岸，提供各式各
樣的水上活動。附設資料館和露營場。

☎0880-52-2121 ⏰8:30～17:30 休無休
所四万十市西土佐用井1111-11 交JR江川崎站
步行20分 P免費　MAP 68A

四萬十川之驛獨木舟館
還有這樣的活動！

泛舟
期間 7～9月 時間 8:30～
需時 2小時30分
費用 5500円
預約 需預約（2名～）

獨木舟

四萬十川最有人氣的水上活動。
在水流穩定的中流域，
連新手都能安心遊玩。

體驗資訊
半日4km
獨木舟之旅
期間 全年 時間 9:00～
需時 3小時
費用 6000円（含裝備
租借）
預約 需預約

想要和河川融為一體就玩這個

新手也能玩得開心♪

挑戰
水流奔騰的
急流！

會有教練在一旁
細心指導♪

高空飛索

從約20m的高空用滑輪橫渡全長約220m的
四萬十川，充滿爽快感和刺激感。
雙手放開會更刺激！

橫渡四萬十川的空中散步

穿著行動方便的
服裝和運動鞋
來體驗看看吧！

四萬十川高空飛索
● しまんとがわジップライン

鄰接公路休息站 四万十とお
わ（P.61）的高空飛索專門設
施。可租借（付費）手機殼，
滑行中也能進行拍攝。

☎0880-28-5554
⏰9:00～16:00 休5～6月、12～2月
的週三 所四万十町十和川口62-9
交四万十町中央IC車程43km
P免費　MAP 105C-4

體驗資訊
期間 全年
時間 9:30～16:00、
1日7場（冬季為6場）
需時 約1小時 費用 2130
円（含保險費）
預約 建議預約

四萬十川的水上活動

嘩啦嘩啦地進到水中吧！

沐浴在負離子中 進行大冒險

溯溪

在連續有瀑布、多淺灘的小支流，走在長青苔的岩石之間。有300m和900m等各種路線，可在小瀑布進行瀑布修行、觀察溪魚等等，內容充實。

四萬十樂舍
● しまんとがくしゃ

利用廢校舍建蓋的住宿兼體驗設施。有獨木舟、溯溪、乘坐小筏等豐富的體驗活動。住在前校長室的特殊體驗也相當有人氣。

📞0880-54-1230 🕗8:30～17:30 休週三（7～9月無休）所四万十市西土佐中半408-1 四万十町中央IC車程62km P免費 **MAP** 106D-1

體驗資訊
期間 4月下旬～10月上旬 時間 9:30～14:00 需時 2小時30分 費用 6500円（含裝備租借）預約 需預約

在四萬十樂舍還有這種活動！

可無時間限制盡情釣魚

四萬十川釣魚體驗
期間 全年 時間 自由 費用 1組1000円 預約 不用

泛舟

搭乘橡皮艇順著中流域的急流而下。突破水花飛濺的急流，感受爽快感和刺激感。也可體驗從岩石地跳入河中！

故鄉交流中心
● ふるさとこうりゅうセンター

眼前就是四萬十川的舒適露營場。也可搭獨木舟、泛舟、租借自行車，交流中心內也附設用餐處。

📞0880-28-5758 🕗8:30～17:15 休無休（11～2月為週二）所四万十町昭和671-2 JR土佐昭和站步行5分 P免費 **MAP** 104D-4

往四萬十川一躍！

大家同心協力隨急流而下！

挑戰充滿刺激 順著急流而下

體驗資訊
期間 4～10月 時間 9:00～、13:00～ 需時 約3小時 費用 1艇14300円（最多可搭5人，含導覽費、器材租借費用等）、保險費1人200円 預約 需預約

搭乘可眺望四萬十川的觀光列車「予土線3兄弟」！

予土線3兄弟是什麼？

行駛於高知線窪川站到愛媛縣宇和島站之間的3種觀光列車之總稱。可中途下車，暢享四萬十川的景色和充滿個性的列車之旅。

📞0570-00-4592（JR四國電話服務中心）

搭乘方式 🚶

搭車前在JR窪川站、JR土佐大正站、JR江川崎站、JR松丸站、JR近永站、JR宇和島站的窗口或售票機購買車票（視車站營業時間有異）。在其他車站上下車時，需在上車時領取號碼牌，於車內確認車費，下車時將車費和號碼牌投入駕駛座旁的收費箱裡。

長男 四萬小火車

由貨車改造的小火車和普通車輛的2個車廂組成。有窪川站出發的1號和宇和島站出發的2號，分別都有舉辦活動。

期間 主要行駛於春、夏、秋的週六日、假日※行駛日需確認JR四國的官網 運行時間 宇和島站出發9:33／窪川站出發13:21，1日2班 費用 乘車區間的普通費票＋對號座票530円 預約對號座 乘車日前1個月起在JR綠色窗口等處販售 **MAP** 104E-4

↑黃色車輛襯托出四萬十川的景色

←從JR土佐大正站到JR江川崎站沿著四萬十川行駛

次男 海洋堂 HOBBY 列車滿載河童號

由世界級的模型廠商海洋堂設計的「河童世界」主題列車。車內座位和立體模型等有許多河童的設計圖案。

期間 每日行駛※可能因檢查等原因，無預告改用一般車輛行駛 行駛時間 宇和島站出發7:24、12:18、21:00／近永站出發9:00／窪川站出發17:38 費用 乘車區間的普通費用 **MAP** 104E-4

外觀的主題是在四萬十川玩樂的河童

三男 鐵道 HOBBY 列車

以0系新幹線為主題的車輛。有許多鐵道模型和使用0系新幹線座位的乘車紀念座位。

期間 每日行駛※可能因檢查等無預告改用一般車輛行駛 運行時間 宇和島站出發6:00、16:40、18:35／窪川站出發10:43／近永站出發17:28／江川崎站出發20:28 費用 乘車區間的普通費用 **MAP** 104E-4

車內設置4個0系新幹線的座位

四萬十川河產

滋味豐富的食材寶庫

四萬十川悠然流淌於高知縣西部。採用傳統捕魚法，捕獲清流孕育的天然香魚、鰻魚、溪蝦、杜父魚等。好想在四萬十川流經的城市，享受活用食材原味的質樸美食。

杜父魚

暗縞鰕虎的幼魚。做成煮物或佃煮登場。

想要再多點一道菜時

極品餐點

A 味劇場ちか

佃煮杜父魚 730円

使用砂糖、水麥芽、醬油精心調味的一料理。骨頭也可以食用。

極品餐點

C 四万十屋

四萬十烏龍麵 900円

配料有鹽煮溪蝦、石蓴、杜父魚，也有蕎麥麵可選

將河產做成方便的麵和丼飯

石蓴

生長於半鹹水域，香氣濃郁，又口感柔軟。

入口即化的口感令人愛不釋手

極品餐點

B 季節料理たにぐち

石蓴天婦羅 750円

將天然日曬乾燥的石蓴做成酥脆的天婦羅，在口中有入口即化的口感

極品餐點

C 四万十屋

杜父魚丼 880円

跟佃煮和油炸一樣為人熟知的滑蛋丼飯。加入石蓴增添風味

食材&季節 CHECK

（季節輪盤圖：香魚、鰻魚、杜父魚、石蓴、溪蝦；月份 1月～12月）

杜父魚
和棲息於河底的鰕虎是同類，身約2、3cm，味道清淡。

香魚
因有獨特的香氣，故稱為香魚。在四萬十川於5、6月開放漁撈。

鰻魚
在海中出生，河中生長的洄游魚。野生鰻魚的肉質紮實，即使在當地也是很珍貴的食材。

溪蝦
淡水蝦的代表。手腳很長，故也被稱為手長蝦。最常用油炸和鹽煮。

石蓴
生長於河海交界處的半鹹水域，是一種溪中藻類。口感柔軟、香氣濃郁。

C 四万十屋
四萬十市 ●しまんとや

可眺望河景享用料理

可吃到每天結束漁撈的漁夫捕獲到淡水魚做成的單點料理和定食。天氣好時建議坐在面臨四萬十川的露台座用餐。

MAP 106E-2
☎0880-36-2828
🕙10:00～15:00 休週三
🏠土佐黑潮鐵道中村站搭高知西南交通巴士10分，甲ヶ峰下車即到 🅿免費

這道也很推薦
- 四萬十川完全定食 5900円
- 鰻魚飯盒（野生）5600円

可欣賞四萬十川下游風景的店

天氣好時還可以坐在有河川風景的露台座

B 季節料理たにぐち
四萬十市 ●きせつりょうりたにぐち

將石蓴做成天婦羅的始祖

僅提供純天然食材，重視季節性的料理大受好評。若想一次品嘗發源於此店的石蓴天婦羅等河產，推薦點四萬十川定食。

MAP 66A-1
☎0880-34-3388
🕙11:30～13:00、17:00～21:30
休週日（逢假日前日則翌日休、暑假期間無休）
🏠四萬十市中村大橋通4-50
🚃土佐黑潮鐵道中村站步行15分 🅿免費

這道也很推薦
- 四萬十定食A 3850円
- 天然蒲燒鰻魚 5200円

掀起暖簾就可以看到歷史約60年的餐廳

A 味劇場ちか
四萬十市 ●あじげきじょうちか

劇場風格店內充滿縣西部的美味

打造成劇場風格的建築物，1、2樓的吧檯席可一覽開放式廚房。以四萬十川和黑潮海產為主，有豐富多元的鄉土料理。

MAP 66B-1
☎0880-34-5041
🕙17:00～22:30（LO22:00）
休週一（黃金週、8月、12月無休）
🏠四萬十市中村新町1-39-2
🚃土佐黑潮鐵道中村站步行20分 🅿免費

這道也很推薦
- 鹽烤溪蝦 880円

裝潢特殊的居酒屋

四萬十川採用傳統捕魚法，可捕獲香魚、鰻魚、溪蝦、杜父魚等。

傳統捕魚法之一。可用投網捕魚法捕獲香魚等。

鰻魚

在河川成長的洄游魚。
野生鰻魚肉質特別緊實，相當珍貴

脂肪豐厚的鰻魚料理

用炭火烘烤
美味倍增

極品餐點
鰻魚飯盒
野生5600円、
養殖3550円
沾上甜辣醬汁用炭
火燒烤，脂肪飽滿
的天然鰻魚讓人齒
頰生香。
C 四万十屋

極品餐點
**野生鰻魚
蒲燒定食**
5850円
沾上甜辣醬汁用炭火
燒烤。野生鰻魚在秋
冬都可以吃到飽滿的
脂肪。
C 四万十屋

香魚

由於香氣濃郁，
故有「香魚」之稱

一口咬下
整條鹽烤香魚

極品餐點
鹽烤香魚
1400円
新鮮香魚最適合用鹽
烤。吃川藻成長的野生
香魚連內臟都很美味
B 季節料理たにぐち

溪蝦

淡水蝦的代表，
特徵是手腳很長

特別適合
搭配啤酒！

極品餐點
炸溪蝦
880円
沾滿太白粉後油炸就
可以連殼吃到酥脆的溪
蝦。
A 味劇場ちか

清淡的風味
令人一吃就上癮

極品餐點
鹽煮溪蝦
（需洽詢）
1000円
清淡簡單的味
道。也很推薦溪
蝦烏龍麵。
D いわき食堂

D
四萬十市
いわき食堂
●いわきしょくどう

用簡單的方式享用河川恩惠
餐點中有許多使用天然鰻魚、香魚、
溪蝦、杜父魚等四萬十川河產的料
理。溪蝦推薦用簡單的鹽煮方式來享
用。河川料理的食材都是天然的，所
以也會有缺貨的情況。
MAP 107C-1
☎0880-52-1172
🕗8:00～19:00
休第1、3週日（8月無休）
所四万十市西土佐津野川647-5
🚗四万十町中央IC車程58km Ｐ免費
道這也很推薦
●鹽烤香魚（需洽詢）時價
●杜父魚丼 700円

邊欣賞四萬十川景色
邊享用河產

四萬十市・黑潮町

博物館　MAP 66A-1
四萬十市鄉土博物館
- しまんとし きょうどはくぶつかん
- ☎0880-35-4096　景點

仿日本城外型的博物館
除了銅矛、南佛上人座像、土佐山內的書信等歷史資料之外，還有展示漁具等民俗資料，並解說這個與河川共存的城市。

- ⏰9:00〜16:30　休週三　¥入館費440円
- 所四万十市中村2356 為松公園內　交土佐黑潮鐵道中村站搭計程車10分　P免費

以愛知縣的犬山城為原形的建築物

神社　MAP 66A-1
一條神社
- いちじょうじんじゃ
- ☎0880-35-2436　景點

暱稱為「一條桑」的神社
祭祀致力於文化、經濟發展的土佐一條歷代祖靈。境內留有藤見御殿遺跡和化妝井等古蹟。

- 境內自由參觀　所四万十市中村本町1-11
- 交土佐黑潮鐵道中村站搭計程車5分　P免費

鎮座於四萬十市中心部

公園　MAP 106E-2
四萬十川野鳥自然公園
- しまんとがわやちょう しぜんこうえん
- ☎0880-37-0608
- （四萬十市公園管理公社）　玩樂

野鳥休憩的場所
位於四萬十川河口廣闊的自然公園。裡面的池子以野鳥的棲息地和度冬地聞名，還有設置觀察小屋、遊覽步道、野鳥解說板等。

- 自由入園　所四万十市間崎トロイケ1001-1
- 交土佐黑潮鐵道中村站搭高知西南交通巴士15分，初崎分歧下車步行5分　P免費

大自然豐富的野鳥樂園

公園　旅行 PICK UP　MAP 106D-2
四萬十市蜻蜓自然公園
- しまんとしトンボしぜんこうえん
- ☎0880-37-4110
- （蜻蜓王國）　玩樂

暢玩日本第一的蜻蜓保護區
種類數量為日本第一的蜻蜓保護區，睡蓮、花菖蒲盛開的水邊環境，都有完善整備。在園內的四萬十川學遊館裡，可獲得愉快的水邊生物相關資訊。

- 自由參觀　所四万十市具同8055-5
- 交土佐黑潮鐵道中村站搭計程車10分　P免費

園內可見到猩紅蜻蜓

遇見懷念的河川風景

四萬十市 黑潮町
しまんとし・くろしおちょう

四萬十市廣布於四萬十川下游。想在四國首屈一指的大河旁邊露營、玩獨木舟，暢享豐富的大自然。使用河產的料理伴手禮也務必確認。

區域導覽

四國喀斯特　高知市
黑潮町　橋原　須崎　四萬十町　中土佐　大月　宿毛　龍串　足摺岬　四萬十市

●四萬十川學遊館（Akitsuio）
- しまんとがわがくゆうかんあきついお
- ☎0880-37-4110（蜻蜓王國）

由蜻蜓博物館和淡水魚水族館構成的設施。以四萬十川為中心，展示世界上的蜻蜓和魚類，也會提供有助於生活的資訊。

在四萬十川學遊館（Akitsuio）可學習多數四萬十川流域生物的相關知識

- ⏰9:00〜17:00　休週一（逢假日則翌日休，春假、暑假期間無休）
- ¥入館費880円

中村
周邊地圖 P.106D-2
0　200　400m

（地圖區域）
西土佐　四万十町　中村高前
為松公園　中村高　P.66 四萬十市　土佐中村局　稻荷神社鄉土博物館 P.66　味劇場ちか P.64
一條神社 P.66
なごみ庵 安住庵　東山小
四萬十川 P.67 露營場　中村小　郷土料理花ぜん P.67
廚房わかまつ P.68　中村中
新ロイヤルホテル四万十 P.68　裁判所　中村病院　四万十市
天神橋商店街　四万十市役所
渡川第二緑地　中村プリンスホテル　中村舞・燈籠的台階盛裝遊行 P.58
渡川緑地　季節料理たにぐち P.64
具同北　民宿 鈴　佐岡商店
油入菜田柳林 P.58　アピアさつき　JA　書籍前　地方合同庁舎前　地方卸売市場
煙火大會 P.58　中村第一小
四萬十納涼 P.58　中村南小
高知放送前　四万十川橋梁　中村南
具同駅　土佐くろしお鉄道宿毛線　宿毛街道　駅前局
四万十IC　四万十I駅　サンリバー
宿毛　不破八幡宮　闇IC　Sun River　四萬十 黑潮 物産館 P.68

Column

搭乘觀光周遊巴士
暢玩四萬十・足摺

想要輕鬆享受四萬十・足摺的魅力，參與當地巴士之旅最為方便。以中村站為起點，可視目的選擇半天、1天、2天路線等。

●四萬十・足摺地區周遊觀光巴士
四萬十・足摺號
從中村站出發，繞行四萬十川、足摺岬、龍串海域公園、柏島、宿毛歷史館等地，需在2日前預約。
- ☎0880-34-6221（高知西南交通）
- 行駛日 3〜11月的週六日、假日（黃金週、暑假、春假每日行駛）
- 乘車費 當日來回1日路線、2日路線各3800円、當日來回半天路線1500円（入場費、乘船費、餐費、住宿費等另計）

四萬十・足摺號

●四萬十川巴士
遊逛多數四萬十橋等觀光景點，行駛於中村站和江川崎站之間。
- ☎0880-34-1266（高知西南交通）
- 行駛日 3〜11月的週六日、假日（黃金週、暑假、春假為每日行駛）
- 乘車費 有1500円路線和2400円路線（入費費、乘船費、體驗費、餐費等另計）

●四萬十赤目號
一枚500円硬幣就可1日自由搭乘市區到佐田沉下橋的循環巴士。1日行駛4班。
- ☎0880-34-6221（高知西南交通）
- 行駛日 黃金週、暑假、寒假、春假等
- 乘車費 1日500円

●景點 ●玩樂 ●美食 ●咖啡廳 ●購物 ●溫泉 ●住宿 ●活動・祭典

露營場　MAP 68A
四萬十廣場 獨木舟館 汽車露營場
○ しまんとひろばカヌーかん オートキャンプじょう
☎0880-52-2121（四萬十川之驛獨木舟館）
玩樂

在四萬十川療癒身心
四萬十川之驛獨木舟館（P.62）附設的露營場。場區劃分為望向四萬十川的河川側，和豐富的大自然環繞的面山側，另外也有小木屋。
全年開設 IN14:00、OUT11:00、小木屋IN16:00、OUT10:00 休無休 汽車露營區1區5270円～、小木屋1棟16500円 四万十市西土佐用井1111-11 四万十町中央IC車程54km P免費

→四萬十川就在眼前的河川側

複合施設　MAP 106E-2

PICK UP
四萬十治癒之鄉
○ しまんといやしのさと
☎0880-33-1600（四萬十之宿）
玩樂

享受溫泉和美味料理
建於四萬十川河口遼闊的土佐西南大型公園內，以治癒為主題的複合設施。除了有不住宿溫泉設施之外，還有餐廳和飯店。
四万十市下田3370
土佐黑潮鐵道中村站搭計程車15分 P免費

→在大自然的環繞下療癒身心

●四萬十之宿 しまんとのやど
有附露天浴池的客房、附閣樓的和室等房型。
Link→P.97

↑樹林環繞的飯店

●四萬十治癒之湯 しまんといやしのゆ
在鹼性單純溫泉的大浴場和海水露天浴池、藥湯這3種浴池中放鬆身心。
6:30～21:30（4～10月為6:00～）休無休 入浴費750円

●レストラン山川海 レストランさんぜんかい
可品嘗到使用太平洋、四萬十川的海河產、當地食材烹煮的滋味豐富料理。也有可優惠溫泉入浴費的午餐方案。
☎0880-31-5811
11:30～13:30、17:00～20:30（晚上需預約） 休無休

公園　MAP 106D-2
香山寺市民之森
○ こうさんじしみんのもり
☎0880-34-8150（四萬十市城市振興課）
玩樂

美麗的紫藤名勝
腹地內有約種植了30種400株紫藤的紫藤園、弘法大師相關的香山寺、可眺望四萬十川的展望塔等。
9:00～19:00（10月1日～3月15日至16:30） 休無休 免費入園 四万十市坂本川平山 土佐黑潮鐵道中村站搭計程車15分 P免費

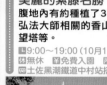
↑可欣賞美麗的紫藤

↑腹地內有三重塔瞭望台

露營場　MAP 66A-1
四萬十川露營場
○ しまんとがわ キャンプじょう
☎0880-37-0608（四萬十公園管理公社）
玩樂

位於大自然豐富的河床側
位於架有赤鐵橋的河床上，比起露營場，更像草皮廣場。設備雖然只有水場和廁所，但離市區很近很方便。
全年開設 自由入場（使用時需向四萬十市公園管理公社提出申請。服務時間為8:30～17:00） 場地免費 四万十市入田 四万十町中央IC車程約50km P免費

→約可供200人使用的露營區

露營場　MAP 106E-2
土佐西南大型公園汽車露營地Tomarotto
○ とさせいなんだいけいこうえん オートキャンプじょうとまろっと
☎0880-33-0101
玩樂

望向太平洋的露營場
位於可遙望太平洋的高地上，占地遼闊，有充足的設備。有附AC電源的汽車露營區和小木屋區等，全都整備完善。
全年開設 IN15:00、OUT12:00（小木屋為10:00） 休無休 汽車露營區1區4200円、小木屋1棟11000円 四万十市下田3548 四万十町中央IC車程51km P免費

→冰箱、冷氣等設備齊全的小木屋

CLOSE UP
可輕鬆隨意觀光的租借自行車
四万十川りんりんサイクル
しまん と がわ
可在下～中游的租借自行車轉運站租借登山車。轉運站有JR江川崎站、四萬十川之驛獨木舟館（P.62）、公路休息站よって西土佐（P.68）等7處，可自由騎乘和歸還。隨心所欲地騎自行車到四萬十流域散步吧。

☎0880-52-2121（四萬十川之驛獨木舟館）　MAP 68A
視設施而異 1日（8:00～17:00）1500円 24小時2000円

→在四萬十川之驛獨木舟館也可租借

鄉土料理　MAP 66B-1
鄉土料理花ぜん
○ きょうどりょうりはなぜん
☎0880-34-5088
美食

享用四萬十川流域的鄉土料理
可品嘗到四萬十川河口幡多地方流傳下來的料理。將佛手柑醋橘柑橘汁擠在握壽司上的當地握壽司（1100円）為招牌。
11:00～14:30、17:00～21:00 休週三 四万十市中村東町1-8-19 土佐黑潮鐵道中村站步行20分 P免費

→當地人也很熟悉的店家

遊覽船　MAP 106D-2
四萬十之碧
○ しまんとのあお
☎0880-38-2000
玩樂

可欣賞景觀的觀光遊覽船
搭乘鋪著榻榻米的屋形船，邊聽船夫說明，穿過河下橋底，可就近觀賞四萬十川和沉下橋。還可在船內享用料理。（需預約）
9:00～16:00每1小時一班 休無休（天候不佳時需聯絡） 乘船費2000円 四万十市三里1446 土佐黑潮鐵道中村站搭計程車20分 P免費

→搭乘雅緻的屋形船遊覽

烏龍麵　MAP 106E-2

のべの味 田子作
●のべのあじたごさく　☎0880-36-2829　美食

放入自家栽種蔬菜的烏龍麵
招牌餐點是大量使用時蔬的田子作烏龍麵（700円）。加了石蓴的石蓴烏龍麵和擔擔麵也非常推薦。
🕐9:00～16:00　週二（逢假日則翌日休）　四万十市間崎1175-1　土佐黑潮鐵道中村站搭高知西南交通巴士15分，初崎分岐下車即到　P免費

氣氛沉穩的店內

美術館

砂濱美術館
●すなはまびじゅつかん

美麗的沙灘就是整個美術館
以全長橫跨約4km的入野海岸為中心，將整座城市設計為美術館，還會舉辦T恤展、被子展等企劃展。
自由參觀（企劃展舉行時會設定參觀時間）　黑潮町入野　土佐黑潮鐵道土佐入野站步行10分　P免費

1000件T恤隨風搖曳的T恤藝術展

旅行 PICK UP　MAP 106E-2
☎0880-43-4915
（砂濱美術館事務局）　景點

●入野海岸　いりのかいがん　MAP 106E-2
約4km的白砂青松沙灘。如今代表高知縣的超人氣活動T恤藝術展（贊助金：國中生以上300円）於5月上旬的黃金週舉行。

●入野松原　いりのまつばら
MAP 106E-2
位於入野海岸延伸長3km的松原，據說是長宗我部的家臣谷忠兵衛所植栽。11月會舉辦潮風被子展（贊助金：國中生以上300円）。
黑潮町入野　土佐黑潮鐵道土佐入野站步行10分　P免費

最適合散步

西土佐的魅力濃縮於此

公路休息站 よって西土佐　MAP 68A
●みちのえきよってにしとさ
有當地的新鮮蔬果、加工品、便當等豐富品項。還有ストローベイルSANKANYA（P.61）的咖啡廳和販售野生香魚的香魚市場。
☎0880-52-1398
🕐7:30～18:00（餐廳為11:00～14:50）　週二（3～11月無休）　四万十市西土佐江川崎2410-3　JR江川崎站步行15分　P免費

CLOSE UP

販售當地食材的「水水市場」

西土佐食堂
有許多使用當地品牌的黑毛和牛「四萬十牛」的餐點

ストローベイルSANKANYA　Link→P.61

季節的手工甜點咖啡廳。可外帶

帶在3天前預約，山產需四萬十的河產。可自行食材
「しまんとリバーサイドBBQ」開幕。可使用四萬十川產的食材

亮點！店裡有輕型貨車！

在香魚市場販售四萬十川的鹽烤野生香魚。販售時間10～15時，1條800円～

和食　MAP 66A-1

厨房わかまつ
●ちゅうぼうわかまつ　☎0880-35-0051　美食

祖先直傳的鹽味半敲燒是招牌餐點
在四萬十川河口的港鎮長大的店長，從祖母直傳手藝的鹽味鰹魚半敲燒是招牌餐點。在現烤的厚切鰹魚上灑上鹽巴，再用手掌輕輕拍打。
🕐17:00～21:30　週一　四万十市中村愛宕町17　土佐黑潮鐵道中村站搭計程車5分　P免費

鹽味掌握得恰到好處的鹽味鰹魚半敲燒1540円
圍著開放式廚房的吧檯座

物產館　MAP 66B-2

Sun River 四萬十物產館
●ぶっさんかんサンリバーしまんと　☎0880-34-5551　購物

四國最大規模的物產館
有匯集了蔬菜、水果的產地直銷區、商品多元的伴手禮區，品項豐富。也有可品嘗當地美味的餐廳。
🕐8:00～19:30、餐廳為11:00～20:15　無休　四万十市右山383-7　土佐黑潮鐵道中村站步行5分　P免費

位於四萬十地區的入口處

松野　土佐大正駅　四万十町
音無神社　予土線　381　JR江川崎駅　381　四万十町
松丸駅　江川崎駅　旧局前　四渡川　331
新川崎駅　橋南館
P.68 公路休息站 よって西土佐
P.61·68 ストローベイルSANKANYA
大鶴西前　奈路　西土佐小　四万十市
中学校前　小学校前　保健センター
西土佐中　四万十市街
西土佐大橋　441　四万十川之驛獨木舟館 P.62　四万十廣場 獨木舟館 汽車露營場 P.67　四万十川りんりんサイクル P.67

西土佐　周邊圖 P.105C-4
0　300　600m

JA高知県
どんぐりはうす P.61
星羅四萬十飯店 P.97
西土佐ふれあいホール

四万十市

●景點 ●玩樂 ●美食 ●咖啡廳 ●購物 ●溫泉 ●住宿 ●活動·祭典

豪華露營
SKYHILL GLAMPING
●すかいひるぐらんぴんぐ
☎0880-24-1700
（SKYHILL高層夫俱樂部）
🎵玩樂

可空手來露營
備有豪華露營用的圓頂露營帳篷和露營拖車。BBQ可品嘗當地產的仁井田米和土佐赤牛等美味，還可觀察星空。
全年開設　⏰IN15:00、OUT11:00
🈳無休　💰豪華圓頂帳篷7m純住宿（2名使用時平均1人）10800円～　📍四万十町八千数310
🚗四萬十町中央IC車程6.5km　🅿免費

←附獨立廁所、浴池。公共泳池會在7月登場。

展示館
海洋堂河童館
●かいようどうかっぱかん
☎0880-29-3678
📷景點

河畔有許多河童成群結隊
館內輪流展示過去舉行的「四萬十川河童造型大獎」約1700件投稿作品。戶外還有一整排山本祐市製作的河童木雕。
⏰10:00～17:30（11～2月至16:30）
🈳週二（逢假日則翌日休，暑假期間無休）
💰入館費500円　📍四万十町打井川685
🚗JR打井川站搭計程車5分　🅿免費

←↑戶外有約400座河童雕像

MAP 104E-4　MAP 106E-1

感受四萬十的大自然
四萬十町
●しまんとちょう

區域導覽

擁有河、山、海的四萬十町有露營、水上運動等戶外活動。JR窪川站為觀光列車的起訖點。

四萬十町
四國喀斯特　高知市
橋原　須崎
中土佐
四萬十市　黑潮町
宿毛
大月　龍串　足摺岬

酒
無手無冠
●むてむか
☎0120-400-108
🛍購物

MAP 104D-4

在沿著清流的美麗大自然中釀造的酒
明治時期創業的釀酒廠，使用四萬十川源流的湧泉和契約栽培米釀造。純米生原酒「無手無冠」和栗燒酎「ダバダ火振」最適合當伴手禮。
⏰8:00～17:00　🈳週日
📍四万十町大正452
🚗JR土佐大正站步行10分
🅿免費

→無手無冠（1.8ℓ）3263円

咖啡廳
淳
●じゅん
☎0880-22-0080
☕咖啡廳

MAP 104E-4

享用正宗咖啡休息片刻
每一顆咖啡豆都仔細挑選，只烘當天要使用的量。用4種咖啡豆調配的原創咖啡450円。
⏰8:00～18:30　🈳週二
📍四万十町茂串町6-4
🚗JR窪川站步行7分　🅿免費

←暢享香氣濃郁的咖啡

鰻魚料理
うなきち
☎0880-22-2138
🍴美食

MAP 104E-4

暢享鰻魚料理
有許多將鰻魚做成半敲燒、皿钵料理等土佐風格的菜色。在白燒鰻魚放上土佐料的鰻魚半敲燒3800円。不接受預約。
⏰8:00～16:30
🈳週三
📍四万十町本町1-14
🚗JR窪川站步行5分　🅿免費

烤得鬆軟的鰻魚蒲燒和鰻魚半敲燒

甜點
こっこらんど
☎0880-22-3488
🛍購物

MAP 104E-4

養雞農家製作的甜點
養雞農家經營的甜點專賣店。有許多蛋糕卷和布丁等「哥倫布茶蛋」風味特別美味的甜點。
⏰10:00～18:00　🈳週三
📍四万十町東大奈路331-144
🚗四萬十町中央IC開車即到　🅿免費

→ちゃまごde蛋糕捲1條1500円

肉
Duroc Farm加工直銷處
●デュロックファーム
かこうちょくばいしょ
☎0880-22-4129
🛍購物

MAP 104E-4

購買四萬十豬肉當伴手禮
四萬十豬肉農場直營的商店。以地瓜條飼養的四萬十豬，肉質味道甜美多汁。附設BBQ場。
⏰10:00～18:00、BBQ場為11:00～17:00　🈳週三
📍四万十町東大奈路331-151
🚗四萬十町中央IC開車即到
🅿免費

↑粗紋香腸1袋648円

酒
地酒屋
●じざけや
☎0880-27-0006
🛍購物

MAP 104D-4

購買地酒當伴手禮
有土佐酒顧問的地酒專賣店。以附設的釀酒商無手無冠的地酒為主，販售季節限定酒等。
⏰8:00～17:00　🈳不定休
📍四万十町大正459-13
🚗JR土佐大正站步行10分

←可買到ダバダ火振等高知地酒

充滿湛藍海洋和大自然的能量

足摺岬

開車兜風

足摺岬位於四國最南端，周邊有亙古的巨石和黑潮刻蝕而成的洞門等不可勝數的神祕景點。眺望獨特的湛藍大海，邊用身體感受大自然的無比能量，來趟爽快的兜風行吧！

足摺岬燈塔周邊有最令人震撼的景觀

沿著海岸線奔馳的足摺Sunny Road

1 其純白姿態是美麗足摺岬的象徵
足摺岬燈塔 あしずりみさきとうだい

佇立於約80m高的斷崖上，是「日本燈塔50選」之一。從1914年首次點燈至今，仍持續守護著來往船隻的安全。高18m，光度46萬燭光，光達距離可至38km。

襯托出蔚藍天空的足摺岬燈塔

MAP 75B-3
📞 0880-82-3155
（土佐清水市觀光協會）
外觀可自由參觀 🚩土佐清水市足摺岬
🚌土佐黑潮鐵道中村站搭高知西南交通巴士1小時45分，足摺岬下車步行5分 🅿免費

2 建於足摺岬的四國靈場第38號札所
金剛福寺 こんごうふくじ

位於可俯視足摺岬的山丘半山腰，可直接承受太平洋強風的高地上。822年由弘法大師空海開基，為嵯峨天皇的勅願所（為祈求國家昌盛繁榮所建）。有平安時期歌人和泉式部的逆修塔（為了死後重生，於在世時建造）。

許多寺堂廣布於約12萬㎡的遼闊境內

據說很靈驗的本堂前大師龜

遠許願邊撫摸大師龜頭部

MAP 75B-3
📞 0880-88-0038
🕐 7:00～17:00 🈺無休 🚩土佐清水市足摺岬214-1 🚌土佐黑潮鐵道中村站搭高知西南交通巴士1小時45分，足摺岬下車即到 🅿免費

穿過洞門就可看到水平線

3 大自然的力量於岩地形成的神祕洞門
白山洞門 はくさんどうもん

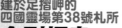

位於白山神社下高約16m、寬17m、深15m的洞門，為日本最大的海蝕洞。從步道順著陡峭階梯往下走馬上就能抵達。迴響於洞門的波浪聲也很令人感動。

洞門上的祠堂據說就是白山神社的御神體

MAP 75A-3
📞 0880-82-3155（土佐清水市觀光協會）
🚩土佐清水市足摺岬 🚌土佐黑潮鐵道中村站搭高知西南交通巴士1小時45分，白皇神社前下車步行5分 🅿免費

兜風NAVI

● 足摺岬Sunny Road（國道321號）的夕陽景色絕美，可選在日落時刻回程。
● 雖然也有連結唐人駄場巨石群到臼碆的道路，但路很狹窄，不好行駛，最好避開。

標準行程

高知自動車道 黑潮拳ノ川IC
↓ 56 321 27
↓ 74km／1小時35分
1 足摺岬燈塔
↓ 27 400m／即到
2 金剛福寺
↓ 27 400m／即到
3 白山洞門
↓ 27 348 7km／15分
4 唐人駄場巨石群
↓ 348 27 11km／20分
5 臼碆
↓ 27 321 21km／35分
6 龍串海域公園
↓ 玻璃底遊艇30分
7 見殘海岸

四万十市 / 321 / 足摺Sunny Road / 土佐清水市役所 / 道の駅 めじかの里・土佐清水 / 348 / 白山洞門展望 万次郎足湯 / 椿の道 / 27 / 7見殘海岸 / 6龍串海域公園 / 4唐人駄場巨石群 / 5臼碆 / 3白山洞門 / 2金剛福寺 / 1足摺岬燈塔

4 巨石散布的神祕遺跡
唐人駄場巨石群
とうじんだばきょせきぐん

被稱為唐人石的巨石就分布於出土繩文時代到彌生時代石器之處。從巨石群往下俯瞰的廣場上有著巨石環的遺跡。

MAP 75C-2
☎ 0880-82-3155（土佐清水觀光協會）
自由入園　土佐清水市松尾
土佐黑潮鐵道中村站搭高知西南交通巴士1小時29分，唐人駄場入口下車步行25分　免費

「唐人」指異國人，「駄場」是平坦的意思

從巨石上看到的太平洋堪稱絕景

也有高達6、7m的岩石

一整片都是海浪拍打出來的獨特景色

有時可以在潮境看到漩渦

5 黑潮形成的粗獷風景
臼碆
うすばえ

黑潮在日本最先靠岸的地方。有許多海蝕形成的懸崖和洞穴，一整片充滿魄力的地形。是著名的岩釣勝地，也成了電影《釣魚迷日記14》的外景地。

MAP 75B-3
☎ 0880-82-3155（土佐清水市觀光協會）
土佐清水市松尾　土佐黑潮鐵道中村站搭高知西南交通巴士1小時25分，臼碆下車步行5分　免費

也要 順道來這裡
2023年4月重新開幕
公路休息站 めじかの里・土佐清水
みちのえきめじかのさととさしみず

除了以宗田節柴魚為原料的加工品「姬鰹」之外，還販售季節時蔬、水果、鮮魚等。附設可品嘗宗田節美味的咖啡廳和海鮮餐廳。

現削宗田節柴魚飯500円

陳列著伴手禮和鮮魚的海產市場土佐清水

MAP 75A-1
☎ 0880-83-1103
🕗 8:30〜17:30，餐廳為11:00〜16:30
休無休　土佐清水市三崎671-6
四万十町中央IC車程85km　免費

6 欣賞溫暖海域特有的景觀
龍串海域公園
たつくしかいいきこうえん

1970年日本第一座獲指名為海中公園的海域。可在海中展望塔和玻璃底遊艇觀賞珊瑚礁和魚。周邊是一整片大自然打造出來的龍串海岸奇岩景色。

MAP 75A-2
☎ 0880-82-3155（土佐清水市觀光協會）
土佐清水市竜串　土佐黑潮鐵道中村站搭高知西南交通巴士55分，在清水プラザパル前轉搭往宿毛驛方向巴士20分，竜串下車步行5分　免費

海浪和海風的侵蝕作用形成的龍串海岸

7 弘法大師也漏看的奇岩風景
見殘海岸
みのこしかいがん

經歷無數次隆起和沉降，長久以來受到強浪和海風所侵蝕而成的花崗岩大地。在走完一圈約60分的步道上，能欣賞到天然紀念物的化石漣痕、屏風岩等獨特的海岸景觀。

MAP 75A-2
☎ 0880-82-3155（土佐清水市觀光協會）
土佐清水市見残し　土佐黑潮鐵道中村站搭高知西南交通巴士55分，在清水プラザパル前轉搭往宿毛駅方向巴士20分，海底館前下車步行3分到玻璃底遊艇乘船處　免費

玻璃底遊艇資訊
前往見殘海岸的道路尚未整備完善，須搭乘玻璃底遊艇（P.74）前往，需時40分〜1小時

從處理魚開始挑戰！
魚店經營的稻草燒體驗設施

極品餐點
鰹魚稻草燒
※費用請參照體驗info
搭配魚飯和魚雜湯享用
自己做的鰹魚半敲燒

體驗info
體驗項目	自行處理魚的稻草燒體驗（含餐點）
期間	全年
費用	1人1200円＋材料費鰹魚1條3500円
預約	預約制（11:30～、13:00～）
需時	1小時

先從處理土佐清水產的鰹魚開始！

使用當地產稻草燒烤後，再切成自己喜歡的厚度。

極品餐點
鰹魚半敲燒
600円
半敲燒只加鹽也很美味，也可以再淋上醬油醬汁！

超級實惠!!
這就是魚店的氣概

須崎市
多田水產 須崎道の駅店
●ただすいさんすさきみちのえきてん

鰹魚

公路休息站內專賣鰹魚的鮮魚店。在店前以稻草燒烤的半敲燒，也可當場享用。菜單只有鰹魚半敲燒，除了味道美味之外，600円的實惠價格也令人感動。

MAP 104F-3
☎0889-40-0200
🕘9:00～17:00 休無休
📍須崎市下分甲263-3 道の駅 かわうその里すさき内
🚃JR土佐新荘站步行5分
🅿免費

土佐清水市
土佐清水地魚市場 稻草燒世界
●とさしみずじざかないちばわらやきワールド

鰹魚

由可體驗稻草燒的設施，和品嘗在土佐清水捕獲地魚的內用空間所組成。乾物和名產宗田節柴魚等漁夫町特有的加工品歡迎帶回家當伴手禮。

☎0880-87-9250 **MAP** 75B-2
🕘10:30～18:00 休週二、六 📍土佐清水市幸町1-21
🚃土佐黑潮鐵道中村站搭高知西南交通巴士55分，清水プラザパル前下車即到

想在漁夫町享用！

黑潮海產

因一本釣而聞名的漁夫町，鰹魚、足摺岬近海捕獲的清水鯖魚等黑潮孕育的海產，以頂級鮮度自豪，格外美味！

中土佐町
黑潮工房
●くろしおこうぼう

鰹魚

用餐處兼體驗設施建於可眺望太平洋的高地上。以鰹魚半敲燒和乾物等為主角的定食約有5種，可體驗期間限定的鰹魚稻草燒，自己製作的半敲燒格外美味！

MAP 104F-3
☎0889-40-1160
🕘10:30～14:00（商店為8:00～15:00） 休第2週四 📍中土佐町久礼8009-11 🚃JR土佐久禮站搭計程車5分 🅿免費

這道也很推薦
●鰹魚半敲燒定食 1200円
●乾物定食 1050円

極品餐點
粽子半敲燒定食
1200円
高知產柚子果汁調配的醬汁，襯托出鰹魚的鮮甜美味

建於黑潮本陣（P.96）的腹地內

體驗info
體驗項目	初級課程
期間	4～10月
費用	1組800円＋鰹魚1塊3000円～
預約	預約制
需時	約15分

初級課程會從用稻草燒已切成塊狀的鰹魚開始

將魚肉塊放在烤網上的火焰中燒烤！正面、背面各烤1分

切片後即完成！最後的裝盤交給現場人員

自己燒烤
再當場吃掉
稻草燒體驗相當有人氣的餐廳

期待已久的試吃時間
在極佳的地理位置享用極品半敲燒！

極品餐點

清水鯖魚湯泡飯 1480円

先淋上醬油基底的醬汁享用，再倒入高湯做成茶泡飯風味。

漁港直送！品嚐肉身緊實的清水鯖魚

鯖清魚水

※視漁獲狀況，會有無法提供的情形

土佐清水市

足摺岬黑潮市場
●あしずりくろしおいちば

選用從對岸漁港剛打撈上岸的漁獲，因此特別新鮮。有生魚片、湯泡飯、茶泡飯等豐富菜色，可以吃到美味的清水鯖魚。此外鰹魚、烏賊等黑潮海產也很豐富！

☎0880-83-0151　MAP 75B-2

🕙11:00～14:00(直銷市場為9:00～16:30)　休無休　土佐清水市清水932-5　土佐黑潮鐵道中村站搭高知西南交通巴士1小時5分，足摺病院前下車步行3分　P免費

這道也很推薦
●清水鯖魚生魚片(單點) 1580円
可嘗到脆脆的口感和鮮甜美味

鰹魚的KEYWORD請確認P.37！

清水鯖魚的KEYWORD

保持鮮度的漁撈方式
「清水鯖魚」是指在土佐清水捕獲的胡麻鯖魚。立繩式釣法在一隻隻釣起後，放入保持鮮度的冷水槽裡再帶去漁協，出貨時使用活締處理法。

做成生魚片享用
鯖魚容易腐壞，通常會說不適合做生魚片，但足摺岬周邊的海域潮水流速快，餌食豐富，在此生長的鯖魚油脂豐富，非常適合做成生魚片。

秋～冬季為盛產期
雖然一整年都能捕獲，但鯖魚秋天到冬天的脂肪宛如鮪魚肚般豐富，格外美味。

黑潮海產×漢堡也要CHECK！

黑潮町

公路休息站 ビオスおおがた
●みちのえきビオスおおがた

進駐公路休息站內的餐廳。不但有鰹魚半敲燒漢堡，還可品嘗到使用當地天日鹽和宗田節柴魚的「宗田節拉麵」等使用在地食材的餐點。→P.109

極品餐點
鰹魚半敲燒漢堡 500円
使用揉入柴魚的漢堡包夾住鰹魚半敲燒！

鰹魚

土佐清水市

久松製パン所 ポミエ
●ひさまつせいパンしょポミエ

超過50年持續受到愛戴的烘焙坊。「鯖魚漢堡」由當地主婦一起研發，於該店開始販售時，旋即成為人氣商品。

☎0880-82-0143　MAP 75B-2

🕙7:00～18:00　休週日、11月23日　土佐清水市天神町1-16　土佐黑潮鐵道中村站搭高知西南交通巴士55分，清水プラザパル前下車　P免費

極品餐點
鯖魚漢堡 334円(僅外帶)
清水鯖魚的龍田揚沾帶有柴魚味的和風醬

鯖清魚水

在當地深受喜愛的定食店
暢享爽脆口感清水鯖魚！

鯖清魚水

極品餐點
鯖魚生魚片 1200円
爽脆口感讓人愛不釋手！也可搭配附飯、味噌湯、小菜的定食(1400円)

土佐清水市

お食事処 あしずり
●おしょくじどころあしずり

位於清水港附近，可品嘗到以活締處理清水鯖魚的人氣店。除了生魚片之外，鮮甜美味瀰漫整個口腔的烤鯖魚壽司是招牌名產。視天候進貨狀況可能會有變動，建議事先確認。

☎0880-82-0825　MAP 75B-2

🕙11:00～14:00、17:00～20:00　休不定休　土佐清水市元町3-15　土佐黑潮鐵道中村站搭高知西南交通巴士55分，清水プラザパル前下車步行3分　P免費

鯖清魚水

極品餐點
涮烤鯖魚 2000円(不含稅)
用阿蘇溶岩石快速烤一下，沾柚子醋醬汁或鹽享用

土佐清水市

ほざき

在活魚水槽裡的清水鯖魚會在開店前才進行處理，卓越的鮮度是有掛保證的。從涮烤鯖魚、半敲燒、醃漬丼等有20種以上的鯖魚料理可盡情享用。

☎0880-82-2256　MAP 75B-2

🕙17:00～22:00　休週日　土佐清水市幸町10-15　土佐黑潮鐵道中村站搭高知西南交通巴士55分，清水プラザパル前下車即到　P免費

當地客人熱鬧非凡的居酒屋

有20種以上的鯖魚料理等著你！

海
龍串海域公園
●たつくしかいいきこうえん

旅行 PICK UP

MAP 75A-2

Link→P.71 📷 景點

搭乘玻璃底遊艇海中散步
可搭乘船底透明的玻璃底遊艇，觀察美麗珊瑚礁和熱帶魚棲息的龍串海域公園。需時約40分～1小時，有2家公司的船在航行。

●龍串觀光汽船 たつくしかんこうきせん
📞0880-85-0037 MAP 75A-2
🕐8:00～16:30（視時期而異） 🈚無休 💰乘船費2000円
🚃土佐清水市竜串19-10 🚌土佐黑潮鐵道中村站搭高知西南交通巴士55分，在清水プラザパル前轉搭往宿毛方向巴士20分，竜串下車即到 🅿免費

●龍串玻璃底遊艇・龍串海中觀光 たつくしグラスボート たつくしかいちゅうかんこう
📞0880-85-1155 MAP 75A-2
🕐8:30～15:00（最終班） 🈚不定休 💰乘船費2000円
🚃土佐清水市三崎4135-2 🚌土佐黑潮鐵道中村站搭高知西南交通巴士55分，在清水プラザパル前轉搭往宿毛駅方向巴士20分，海底館前下車步行即到 🅿免費

○龍串觀光汽船的玻璃底遊艇

➡找得到在珊瑚礁裡游泳的小丑魚嗎？

評論！
玻璃底遊艇會往返見殘海岸（P.71）

自然打造的造形美景連綿不絕
足摺岬・龍串
●あしずりみさき・たつくし

足摺岬最吸睛的就是受到黑潮侵蝕的斷崖和洞門。西邊的龍串海岸、見殘海岸也是大自然交織而成的神奇美景。

區域導覽

高知市
四國喀斯特
橫原　須崎 中土佐
宿毛　　　四萬十町
大月　黑潮町
　　四萬十市　足摺岬
龍串

展望塔
MAP 75A-2
足摺海底館
●あしずりかいていかん
📞0880-85-0201 📷 景點

在神祕的海中海底散步
位於龍串海域公園內，是日本最大的海中展望塔。走下塔內的階梯，可從前方的展望室窗戶觀察到100種以上的熱帶魚和洄游魚。

🕐9:00～16:30 🈚無休 💰入館費900円 🚌土佐清水市三崎4124-1 🚃土佐黑潮鐵道中村站搭高知西南交通巴士55分，清水プラザパル前轉往宿毛駅方向巴士20分，SATOUMI前下車步行7分 🅿免費

←形狀特殊的海中展望台

遊客中心
MAP 75A-1
龍串遊客中心uminowa
●たつくしビジターセンターうみのわ
📞0880-87-9500 📷 景點

想找龍串的觀光資訊到這裡來
這裡會解說足摺宇和海國立公園的大自然，並介紹可在國立公園內體驗的活動等，傳遞各種觀光訊息。同時也是土佐清水地質公園的據點設施。

🕐9:00～17:00 🈚週二（逢假日則翌日休）、7～9月無休 🚌土佐清水市三崎4032-2 🚃土佐黑潮鐵道中村站搭高知西南交通巴士55分，清水プラザパル前轉往宿毛駅方向巴士20分，SATOUMI前下車步行3分 🅿免費

←建於龍串灣前

海洋館
MAP 75A-1
足摺海洋館SATOUMI
●あしずりかいようかん サトウミ
📞0880-85-0635 📷 景點

龍串灣的海中生物在此迎接
飼養、展示約350種、15000隻海中生物。熱帶與亞熱帶魚群游的「龍串灣大水槽」等值得一看的展覽大受好評。

🕐9:00～17:00 🈚無休 💰入館費1200円 🚌土佐清水市三崎4032 🚃土佐黑潮鐵道中村站搭高知西南交通巴士55分，清水プラザパル前轉往宿毛駅方向巴士20分，SATOUMI前下車即到 🅿免費

←一整片藍色世界的外洋水族箱

潛水
MAP 75A-2
龍串潛水中心
●たつくしダイビングセンター
📞0880-85-0790 🎵玩樂

透明度超群的海令人著迷
在龍串海域公園體驗乘船浮潛，搭船到潛水定點，再到海中觀察熱帶魚和珊瑚礁。10歲以上可參與體驗。

🕐9:00～17:00 🈚無休 💰體驗乘船浮潛13750円（含器材租借） 🚌土佐清水市竜串3897 🚃土佐黑潮鐵道中村站搭高知西南交通巴士55分，清水プラザパル前轉往宿毛站方向巴士20分，竜串下車即到 🅿免費

←海中也有四季更迭的景色

瞭解約翰萬次郎
CLOSE UP ◉

約翰萬次郎本名是中濱萬次郎，1827年出生於現在的土佐清水市，是幕末維新時期將西洋知識帶回日本的一個重要推手。深為日本人熟知的「約翰萬」暱稱，是取自萬次郎在無人島漂流時，救了他的美國捕鯨船叫做「約翰・豪蘭號」。搭乘那艘船前往美國的萬次郎學習了英文和航海技術，回國後將在美國得到的知識運用在各方面。

約翰萬次郎出生之家
從可學習約翰萬次郎生涯的資料館開車20分。依據留下的圖片資料重現了萬次郎出生的家。
📞0880-82-3155（土佐清水市觀光協會）
MAP 75B-2
🕐8:00～18:00左右（視時期而異） 🈚無休 🚌土佐清水市中濱 🚃土佐黑潮鐵道中村站搭高知西南交通巴士1小時15分，中ノ浜下車步行3分 🅿免費

↑可窺見漁村的生活樣貌

約翰萬次郎資料館
約翰萬次郎在14歲出海捕魚時遭遇海難，卻因此度過一個波瀾萬丈的人生。在此會用平板、模型和影像介紹萬次郎的人生軌跡。
📞0880-82-3155（土佐清水市觀光協會）
MAP 75B-2

🕐8:30～16:30 🈚無休 💰入館費440円 🚌土佐清水市養老303 🚃土佐黑潮鐵道中村站搭高知西南交通巴士55分，清水プラザパル前轉搭往宿毛駅方向巴士6分，養老下車步行7分 🅿免費

↑資料館裡有附設餐廳

足浴　MAP 75A-3

白山洞門展望 萬次郎足浴
●はくさんどうもんてんぼう　まんじろうあしゆ
☎0880-88-0988（足摺溫泉協議會）
溫泉

眺望白山洞門放鬆身心

窗戶的對面是遼闊的湛藍海洋。設置為階梯狀的足浴，不管坐在哪裡，都可看見底下的太平洋和白山洞門。

🕐8:00～19:00　🚫週三　💰免費入場　📍土佐清水市足摺🚌土佐黑潮鐵道中村站搭高知西南交通巴士1小時45分，白皇神社前下車即到　🅿免費

足浴旁有長椅空間

和食　MAP 75B-2

和 ダイニング ふかみ
●わダイニングふかみ
☎0880-82-0267
美食

有許多早上現捕的當季海產料理

鮮度極高的清水活鯖魚生魚片、烤壽司、半敲燒等每道料理都是極品。清水鯖魚料理最好事先確認有沒有提供。現場有豐富的當地酒種可選擇。

🕐17:00～21:30　🚫週日　📍土佐清水市榮町8-11🚌土佐黑潮鐵道中村站搭高知西南交通巴士55分，清水プラザパル前下車步行5分　🅿免費

鰹魚半敲燒750円～

清水薄皮燒　MAP 75B-2

元祖ペラ燒にしむら
●がんそペラやきにしむら
☎0880-82-2752
美食

極為簡單的名產麵粉製品

可以品嘗到昭和30年時期，第一代老闆以遇見的一錢洋食為靈感做出來的「清水薄皮燒」。在薄薄的餅皮裡，放入炸小魚餅和蔥花的料理。

🕐10:30～18:00　🚫週三　📍土佐清水市中央町6-1-1🚌土佐黑潮鐵道中村站搭高知西南交通巴士55分，清水プラザパル前下車步行5分　🅿免費

現在為第3代老闆做的清水薄皮燒500円～

足摺岬・龍串

周邊圖 P.106E-4

0　　　1km

足摺岬詳細

周邊圖 P.75C-3

0　200　400m

P.74 龍串遊客中心 uminowa
P.74 足摺海洋館 SATOUMI
P.74 龍串玻璃底遊艇・龍串海中觀光
ホテルオレンジ
P.74 足摺海底館
P.71・74 龍串海域公園
見殘觀光船乘場
P.71 見殘海岸

公路休息站 めじかの里 土佐清水 P.97
P.74 龍串觀光汽船
P.74 龍串潛水中心
P.74 約翰萬次郎資料館

土佐清水市
大岐海岸
鷹取山 307.6
九輪森 294.8

久松製パン所 P.73
市民體育館
P.73 ほざき
P.73 お食事処 あしずり

松崎地區のハマユウ
養老海岸
海の驛あしずり
土佐清水地魚市場
P.72 稻草菓世界
P.75 和 ダイニング ふかみ
P.75 元祖ペラ燒にしむら

足摺岬黑潮市場 P.73
P.74 約翰萬次郎出生之家
白瀧山 446.9
P.71 唐人駄場 巨石群

太平洋
土佐灣

四万十市
小浜漁港

足摺岬詳細 左圖
金剛福寺
黑碆
足摺岬

TheMana Village P.96
アシズリテルメ
足摺岬ホテル海上館
大岩
民宿福田家
白山洞門 P.70
足摺國際飯店 P.96
金剛福寺（四國38）P.70・95
ジョン万次郎像
足摺岬燈塔 P.70
足摺岬自然遊步道
白山洞門展望 萬次郎足浴 P.75

●景點　●玩樂　●美食　●咖啡廳　●購物　●溫泉　●住宿　●活動・祭典　卍四國八十八札所

複合施設　MAP 107C-2

宿毛町之驛林邸
●すくもまちのえき はやしてい　📷景點

☎0880-79-0563

重現歷史建築物的複合設施
重現歷任通訊大臣和農商務大臣的林有造宅邸，可參觀珍貴的建築。附設可品嘗早餐、午餐和甜點的咖啡廳。

🕘9:00～17:00（咖啡廳為～16:00）　休週一（逢假日則翌日休）
💴免費參觀　📍宿毛市中央3-1-3
🚃土佐黑潮鐵道東宿毛站步行10分　Ｐ免費

→屋齡130年以上的歷史建築物

公園　MAP 107C-3

咸陽島公園
●かんようとうこうえん　📷景點

☎0880-62-1242
（宿毛市商工觀光課）

可以看到不倒翁形狀的夕陽
位於宿毛灣大島西端的海濱公園。11月到2月左右的寒冷晴天，條件備齊就可以看到夕陽呈現不倒翁形狀的「不倒翁夕陽」。

自由入園　📍宿毛市大島378
🚃土佐黑潮鐵道宿毛站搭計程車10分
Ｐ免費

→非常夢幻的不倒翁夕陽

四國西南端之地
宿毛・大月
●すくも・おおつき

區域導覽

宿毛、大月地區是一整片黑潮浪濤侵蝕而成的沉降式海岸。出井甌穴和不倒翁夕陽最出名的宿毛，和美麗的海裡有珊瑚礁和熱帶魚棲息的大月，豐富的自然景觀正是樂趣之一。

高知市
四國喀斯特
宿毛　橋原　須崎　中土佐
　　　　　　　　　四萬十町
大月　　　　　　黑潮町
　　　　　　　　四萬十市
龍串　　　足摺岬

島　MAP 107B-4

沖之島
●おきのしま　♪玩樂

☎0880-62-1255
（宿毛市企劃課）

享受玩海樂趣
漂浮於宿毛灣外海約24km海上的離島。可進行潛水、露營、海水浴等活動。也是人氣磯釣景點。

💴定期船乘船費（單程）1350円
📍宿毛市沖之島町母島
🚃片島港搭宿毛市營定期船1小時35分，母島港下船

→暢玩透明度高的海

海岸　MAP 107C-4

大堂海岸
●おおどうかいがん　📷景點

☎0880-62-8133
（大月町觀光協會）

神祕的觀音岩所守護的斷崖
位於大月町南端的斷崖絕壁海岸，從瞭望台可俯瞰約100m的絕壁。形狀和觀音像如出一轍並且高30m的觀音石值得一看。

📍大月町柏島
🚃四万十町中央IC車程95㎞
Ｐ免費

→充滿魄力的景觀

岩　MAP 107C-1

出井甌穴
●いでいおうけつ　📷景點

☎0880-62-1242
（宿毛市商工觀光課）

大自然打造的雕刻作品
位於松田川上流域的出井溪谷所創造的自然雕刻。砂岩、泥岩長約200m，寬40m的岩床上可看見大小200個以上的甌穴。

📍宿毛市橋上町出井
🚃四万十町中央IC車程90㎞
Ｐ免費

→點都不像是自然形成的神祕形狀

島　MAP 107B-4

柏島
●かしわじま

旅行 PICK UP

♪玩樂

☎0880-62-8133
（大月町觀光協會）

→柏島的龍濱

透明到船隻彷彿飄浮在空中一般
柏島和大月半島以橋連接。清澈的大海約有1000種魚類棲息，還有大規模的桌形軸孔珊瑚群生。有很多人特地來海水浴、潛水、浮潛。也可體驗玻璃底遊艇（4～11月舉辦，需時40分，大人2500円）。連接柏島和大月半島的橋下，有一大片海濱可在海中看到色彩繽紛的魚。

📍大月町柏島　🚃四万十町中央IC車程100㎞
Ｐ使用柏島觀光資訊傳遞中心的停車場（1輛500円）

→從大堂山瞭望台看到的柏島

→柏島橋

露營場　MAP 107C-4

大月ECOLOGY露營場
●おおつきエコロジー キャンプじょう　♪玩樂

☎0880-74-0303

最適合海上休閒活動
與戶外活動綜合品牌「CAPTAIN STAG」合作的露營場。也有商店進駐，除了露營，還可以玩浮潛、海洋獨木舟。

全年開設　🕘IN15:00、OUT13:00　休無休　💴汽車露營區1區3000円、平房1棟12000円　📍大月町周防形500
🚃四万十町中央IC車程90㎞　Ｐ免費

→可享受舒適的露營活動

龍蝦料理　　　　　　　　MAP 103B-4
いせえび料理 中平
● いせえびりょうりなかひら　☎ 088-856-1651　美食

可享用龍蝦全餐料理
開在池之浦漁港內的龍蝦專賣店。龍蝦活造生魚片有淡淡的甜味，龍蝦全餐價位約在8300円上下。

🕐 12:00～19:00　休 不定休（需洽詢）
所 須崎市浦ノ内池ノ浦
🚗 須崎東IC車程16km　P 免費

於龍蝦全餐登場的活造生魚片

自動車道　　　　　　　　MAP 103B-4
橫浪黑潮車道
● よこなみくろしおライン　☎ 0889-42-1150
（須崎市文化運動觀光課）　景點

風光明媚的自動車道
橫渡橫浪半島約19km的自動車道。南方可眺望宏偉的太平洋，北方可眺望平穩的浦之內灣，可享受爽快兜風樂。

🚗 免費通行
所 須崎市浦ノ内
🚗 須崎東IC車程7km（到須崎側入口）

邊眺望浦之內灣和土佐灣邊兜風

鍋燒拉麵最為出名的城鎮

須崎
● すさき

這裡有日本水獺最後棲息之處的新莊川、沉降式海岸的橫浪黑潮車道等充滿魅力的大自然。在地靈魂美食鍋燒拉麵和龍蝦等美食也不要錯過。

區域導覽

四國喀斯特　高知市
橋原
四萬十町　須崎
大月　宿毛　黑潮町　中土佐
龍串　四萬十市
足摺岬

竹製品　　　　　　　　MAP 104F-3
竹虎
● たけとら　☎ 0889-42-3201
（山岸竹材店）　購物

提案生活中有竹子陪伴
1894年創業。運用只生長在須崎的土佐虎斑竹質地，製作竹籠、竹籃等竹製品。

🕐 9:00～17:00　休 週六、日
所 須崎市安和913-1
🚃 JR安和站步行5分　P 免費

竹皮健康拖鞋5720円～

木工品　　　　　　　　MAP 103B-4
土佐龍
● とさりゅう　☎ 0889-49-0111　購物

多元的四萬十檜木製品
材料為在四萬十川流域生長的四萬十檜木疏伐木。有許多原創的廚房、衛浴用品，洗練的設計在國內外都大獲好評。

🕐 10:00～17:00
休 週六日、假日
所 須崎市浦ノ内東分2830
🚗 須崎東IC車程10km
P 免費

四萬十檜木森林香
(8根裝)1210円

便當　　　　　　　　MAP 104F-3
ショップたけざき須崎本店
● ショップたけざきすさきほんてん　☎ 0889-42-4871　購物

創業40餘年的玉子燒和飯糰店
在當地佳評如潮，甚至被譽為「要吃玉子燒就要來ショップだけざき」。細心煎烤的金黃色高湯蛋卷鬆軟可口。

🕐 4:00～19:00（12月1日～2月底為～18:00）
休 週三　所 須崎市下分乙819-1
🚃 JR土佐新莊站步行10分　P 免費

飯糰和玉子燒組合410円～

須崎

周邊圖 P.104F-2
0　200　400m

橫本食堂 P.77
まゆみの店 鍋燒きラーメン専門店 P.77

須崎的B級當地美食　CLOSE UP
鍋燒拉麵

戰後不久就誕生於須崎市的谷口食堂。當時關店後並未留下食譜，後來為了振興城鎮，重現懷念的味道。如今已經具有全國性的知名度。

橋本食堂
● はしもとしょくどう　☎ 0889-42-2201　MAP 77-2

鍋燒拉麵專賣店，濃郁卻不膩的湯頭是其魅力。

🕐 11:00～13:50
休 週二、假日
所 須崎市橫町4-19
🚃 JR土佐新莊站步行10分
P 免費

湯頭是以母雞雞骨醬油為基底
容器是以熟騰騰的土鍋或琺瑯鍋提供
麵條是偏硬的直細麵
食材有母雞肉、生蛋、竹輪（竹捲）等

鍋燒拉麵　正常份量850円

まゆみの店 鍋燒きラーメン専門店
● まゆみのみせ なべやきラーメンせんもんてん　☎ 0889-42-9026　MAP 77-2

用當地的醬油製作的特製醬油醬汁，與搭配季節的洋蔥、蔬菜所調製的特製湯頭味道濃郁香甜。

🕐 11:00～17:00（週六日、假日為～20:30）、售完打烊
休 週三、第1週日（逢假日則營業）　所 須崎市榮町10-14
🚃 JR土佐新莊站步行10分　P 免費

鍋燒拉麵
正常份量630円

● 景點 ● 玩樂 ● 美食 ● 咖啡廳 ● 購物 ● 溫泉 ● 住宿 ● 活動・祭典

市場歷史

源於明治中期漁夫的妻子們開始販售丈夫和兒子捕獲的小魚。當遭受大正時代的大火燒毀而正要消失之時，大正天皇贈與復興費用，故開始有「大正町市場」之名。2003年重新整修為明亮的木造裝潢，並在房簷吊掛燈泡等，營造出昭和30年代的懷舊氛圍。久禮大正町市場並且是日本第一個漁夫町於2011年獲認定為國家文化財（重要文化景觀）。

早上捕獲・新鮮海產陳列一排

くれたいしょうまちいちば

久禮大正町市場

高掛著大漁旗的市場。狹窄的道路上比鄰著鮮魚店、攤販、餐飲店。當地客人和觀光客絡繹不絕

小小的道路中充滿了活力。這裡是漁夫町、中土佐的廚房

久禮大正町市場是位於因鰹魚一本釣而聞名的中土佐町久禮中心區的商店街。約40ｍ的拱廊街裡，約有20間店家櫛比鱗次。以早上捕獲跟中午捕獲的新鮮海產為主，也會販售當地採收的當季蔬菜和手工熟菜等。市場前的八幡通有許多自古流傳下來的甜點店和魚板店，除了當地人之外，也可以看到許多觀光客，熱鬧非凡。

市場的遊玩方法

❸ 活用保冷箱

就算沒自帶保冰盒，現場也有販售含冰塊的保麗龍保冷箱（300円～），因此無須擔心。在田中鮮魚店購買1000円以上也會贈送保冷袋。

享受市場周邊的活動

門前市 春期、冬期

久禮大正町市場和周邊的商店街，每年會舉辦2次大拍賣。可買到中土佐町特有的山珍海味。
🏠中土佐町 久禮大正町市場周邊

鰹魚祭 5月第3週日

初鰹旺季時舉行。可以品嘗到鰹魚稻草半敲燒、鰹魚排、鰹魚丼等各式各樣的鰹魚料理。

🏠中土佐町 故鄉海岸
🚶久禮大正町市場步行3分

❶ 目標是上午11時左右

提到市場，通常是早上最熱鬧，但這裡是比較晚的上午11點左右。天亮前出航的漁船，通常會在中午前回到最近的久禮港，這時會立刻將新鮮的魚送到市場。很多漁夫妻子開的攤販都是這個時間開始營業。

❷ 和賣家的交流是樂趣之一

在市場購物的樂趣之一，就是跟店家的大哥（大叔）、大姐交流。向他們詢問處理魚的方式和美味的實用方式，就會用流利的土佐腔仔細教導。

久禮大正町市場
★くれたいしょうまちいちば

🕙 每日10:00～17:00
（視店鋪而異）

🗺 MAP 104F-3

📞 0889-52-2060
（大正町市場協同公會）

🈺 天候不佳時
（視店鋪而異）

🏠 中土佐町久禮

🚉 JR土佐久禮站步行7分　🅿免費

久禮大正町
市場MAP

岡村かまぼこ店 E
崎山そうざい ●
市場食堂
ど久礼もん F
G
西村菓子店

八幡通り

↑JR土佐久礼駅
松澤青果店
浜岡惣菜店 D
田中鮮魚店 A

市場西入口　久禮大正町市場（約40m）　市場東入口

山本鮮魚店　浜口青果店

市場のめし屋
浜ちゃん C
竹林呉服店
漁師小屋 B
船井鮮魚店

↓100m先
P WC

市場內的
店家
CHECK!!

A 田中鮮魚店
★たなかせんぎょてん

專業的鰹魚師父所經營的鮮魚店。會觀察鰹魚切開時的肉質來調節燒烤程度。

📞0889-52-2729
🕐9:00～17:00
休週三

B 漁師小屋
★りょうしごや

鰹魚半敲燒1人份600円～
（照片為3人份）

在田中鮮魚店選的魚，會當場做成半敲燒或生魚片，再到對面的漁師小屋享用。加300円可做成附味噌湯和白飯的套餐。

📞0889-52-2729
（田中鮮魚店）🕐10:00～14:30　休週三　預約不用

E 岡村かまぼこ店
★おかむらかまぼこてん

將小魚連同骨頭整條磨碎油炸的炸魚餅，是1938年創業以來代代相傳的美味。也可配送到別的地方。

📞0889-52-2956
🕐9:00～17:00
休週三

可徹底品嘗食材鮮味的質樸口味，1片80円，相當有人氣的炸魚餅

C 市場のめし屋 浜ちゃん
★いちばのめしやはまちゃん

特製鰹魚丼（650円）上放了滿滿的新鮮鰹魚。是中土佐町的必吃美食

鋪滿鰹魚生魚片的丼飯。可品嘗新鮮的鰹魚半敲燒、錢鰻定食等。

📞0889-52-2060
（大正町市場協同公會）
🕐10:00～14:00（週六日、假日為～14:30）休週二、三

F 市場食堂 ど久礼もん
★いちばしょくどうどくれもん

使用當地食材的港鎮速食店。有海鮮高湯味的香辣「魚群湯咖哩」堪稱極品。

📞0889-52-3822
（企劃・ど久礼もん企業公會）
🕐10:00～15:30　休週三

享用生薑風味的爽口美味霜淇淋（300円）當甜點

D 浜岡惣菜店
★はまおかそうざいてん

除了店家招牌羊棲菜什錦天婦羅（350円），也有炸地瓜和炸錢鰻等餐點。

📞無
🕐10:00～15:00
休不定休

G 西村菓子店
★にしむらかしてん

創業60餘年。鰹魚高湯風味的石花菜和特製刨冰、日式饅頭等全都是手工製作。

📞0889-52-2953
🕐9:00～16:00
休週三

淋滿自家製糖漿的刨冰（380円），於4月到10月期間限定販售。牛奶新鮮草莓刨冰（750円）也大受好評

雲上的絕景景點

四國喀斯特

擁有白色石灰岩群特殊風景的四國喀斯特，是以海拔1485m的天狗之森為最高峰，整片是平坦的高山地表。晴天時往南可看見太平洋，往北可看到石鎚連峰，可暢享高原絕景。

某天的晚霞形成夢幻的牛群剪影

閃耀著金黃色光芒的秋季芒草

秋天到冬天可看到雲海（繁星降下的村莊TENGU（P. 81）附近看到的景象）

放牧場上可遇見隨心所欲吃草午睡的牛群

到處都是被稱為Karrenfeld的石灰岩

以五段城為中心寬廣的**五段高原**，是周邊可看到最多石灰岩的區域

MAP 104D-2

前往四國喀斯特的交通資訊

高知自動車道須崎東IC
60km (197)(439)(304)
↓
四國喀斯特（天狗高原）

●洽詢處
津野町觀光推進課 📞0889-55-2021

四國喀斯特周邊圖

四國喀斯特是這樣的地方

位於高知和愛媛縣境，東西約橫跨25km的石灰岩台地，是日本三大喀斯特之一。位於海拔1000m到1500m處，從東邊的天狗高原（高知縣）經過五段高原、姬鶴平，到西邊的大野原（愛媛縣），都可欣賞四國連山景色和閒逸的放牧風景，整片都是大全景道路。

CHECK! KARST TERRACE カルストテラス

有許多關於四國喀斯特的資訊

從3億年前的海底火山噴發開始，到喀斯特形成的歷史、棲息於天狗高原的花草和小動物等，會用影像和平板來介紹這些資訊。

📞0889-62-3371 MAP 104D-2
🕐9:00～17:00 休週一、日 💴免費入館
津野町芳生野乙4921-48 P免費

建於繁星降下的村莊TENGU附近的四國喀斯特學習設施

這裡也順道走走

Forest Adventure高知
フォレストアドベンチャーこうち

透過戶外運動感受大自然！

運用森林地形的冒險公園。可體驗正式的樹林運動，往返650m的空中飛索可欣賞絕景、感受刺激！

風呼嘯而過，爽快滑行的空中飛索

📞080-2347-3318 MAP 104D-2
🕐9:30～14:30（預約制）休不定休（冬季需洽詢）
💴冒險路線4100円、大小隊友線3100円、空中飛索路線2500円 津野町芳生野乙5422
須崎東IC車程40分 P免費

有3種路線可選擇

カルスト珈琲
カルストこーひー

品嘗清新的空氣和咖啡

位於姬鶴平開放區域的咖啡站。邊眺望壯觀景色邊喝的咖啡格外美味，還能品嘗到柑橘飲料和週末限定甜點。

融入周圍大自然的白色餐車

📞080-8912-7592 MAP 104D-2
4～11月營業 🕐11:00～16:30
（週六日、假日為10:00～17:00）
休不定休、雨天時
愛媛縣久万高原町西谷8117-1
須崎東IC車程57分

冰咖啡歐蕾600円

在天狗高原健行

以繁星降下的村莊TENGU為起點的森林療癒道路，
從春天到夏天都可看到可愛的高山植物。

森林療癒道路
（喀斯特高原路線）

※所需時間都是標示從繁星降下的村莊
TENGU出發再回來的預估時間

- 輕鬆路線（需時45分）
- 悠閒路線（需時1小時）
- 深入路線（需時1小時30分）

天狗之鼻
車道
天狗トンネル
從這裡出發
天狗トンネル
繁星降下的村莊TENGU
車道
五段高原
姫鶴平
地陷群
眺望台
日本百合渥丹百合群生地
戶外舞台
KARST TERRACE
車道
瞭望台

感受爽朗的風散步

繁星降下的村莊TENGU在這裡！

位於四國喀斯特東側的**天狗高原**。繁星降下的村莊TENGU後方的是天狗之森

代表性的高山植物

☆4・5月
照到日光就會向上開花的一輪草

☆7月
渥丹百合是四國喀斯特代表性的花

☆7・8月
將天狗高原周邊點綴為黃色的大吳風草

繁星降下的村莊TENGU
●ほしふるヴィレッジテング
以繁星為主題的旅宿

位於天狗高原的住宿設施。除了有能夠眺望星空的樓中樓之外，還有天文台、星象儀等，可盡情欣賞四國喀斯特的星空。不住宿也能在這裡的餐廳用餐。

MAP 104D-2

☎0889-62-3188
🕐IN 15:00、OUT 10:00、
餐廳為11:00～14:00
休無休 ¥1泊2食12320円～
津野町芳生野乙4921-22
須崎中央IC車程60km P免費

附樓中樓的「星空客房」

從標高1400m處看見遼闊視野的感動

在繁星降下的村莊TENGU起訖的四國喀斯特周遊列車「ツノトゥク」（不定期行駛）

坐在廣布遊步道旁的石灰岩上休息

林野廳認定的散步道路
森林療癒道路

天狗高原是獲認可療癒功效的全日本65處森林療癒基地之一，這條森林療癒道路整備完善。以繁星降下的村莊TENGU為起點，有高原路線、落葉松樹林路線等4條路線。

鋪有檜木屑的林道路線

幾乎位於四國喀斯特中央的**姫鶴平**。從瞭望台上可一覽平坦的牧草地

小山羊圓滾滾的眼睛好可愛

もみの木 ●もみのき
自家製甜點大受好評的咖啡廳

有現榨牛奶做的布丁和冰淇淋等甜點和飲品。也有很多人是為了吃自家製起司蛋糕而來。附設伴手禮店。

MAP 105C-2

☎0894-76-0230
🕐3～11月營業 🕐10:30～16:30
休不定期、冬季（12～2月）休業（視天候可能會提早或延後，需確認）愛媛縣西予市野村町大野ヶ原210
須崎中央IC車程70km
P免費

使用滿滿鮮奶油的冰淇淋350円

口味溫和的布丁（450円）也有人氣

PONY牧場 ●ポニーぼくじょう
可和動物接觸的觀光牧場

位於海拔1200m大野原的觀光牧場，飼養了小型馬、羊、山羊、兔子等約10種動物。可和動物們交流，大人也能回歸童心。鄰接もみの木。

MAP 105C-2

☎0894-76-0230（もみの木）
休不定期、冬季（12～2月）休業（視天候可能會提早或延後，需確認）
¥入場費100円
所準同もみの木

被可愛的動物療癒

神社　MAP 104D-2

三嶋神社
●みしまじんじゃ
☎0889-65-1350（檮原町生涯學習課）
景點

擁有古老歷史的神社
擁有10世紀初期就創建的古老歷史，參道上架著附屋頂的神幸橋。每年秋天都會獻上創建時流傳下來的津野山神樂。

外觀可自由參觀　🅟檮原町川西路2196
🚍JR須崎站搭高知高陵交通巴士1小時10分，四ツ角下車步行5分

使用檮原町產木材的神幸橋

資料館　MAP 104D-3

檮原千百年物語資料館
●ゆすはらせんひゃくねんものがたりしりょうかん
☎0889-65-1187（檮原雲上觀光協會）
景點

在這裡確認檮原的歷史
介紹從津野經高入國開始的檮原1100年歷史，並展示身著平安時代服裝的人偶模型。

🕘9:00～16:30　休無休　¥入館費200円
🅟檮原町檮原1428-1　🚍JR須崎站搭高知高陵交通巴士1小時10分，檮原町役場前下車即到
🅿免費

展示和六志士相關的資料等

在「雲上之町」悠閒度過

檮原
●ゆすはら

被稱為「雲上之町」的高原城鎮，與坂本龍馬脫藩之道相關的路線最有人氣。景點和餐飲店都集中在太郎川公園周邊

區域導覽

高知市
四國喀斯特
檮原　★須崎　中土佐
　　　四萬十町
大月　宿毛　黑潮町
龍串　　四萬十市
　　足摺岬

特產品　MAP 104D-2

まちの駅 ゆすはら
●まちのえきゆすはら
☎0889-65-1117
購物

擺放了許多檮原町自豪的伴手禮
外牆使用茅草的嶄新設計。1樓到3樓的挑高店內除了當地產蔬菜、雞蛋、加工品之外，還有販售雲之上飯店特製的起司蛋糕

🕘8:30～18:00
休無休
🅟檮原町檮原1196-1
🚍JR須崎站搭高知高陵交通巴士1小時10分，四ツ角下車即到
🅿免費

以森林為意象的店內
特別引人注目的外觀

霜淇淋　MAP 104D-3

YOU FARM
●ユーファーム
☎0889-62-3302
購物

用現擠牛奶做的霜淇淋
販售的霜淇淋活用放養於山中的娟珊牛的牛乳，展現檮原本的味道。不會太甜，後勁清爽可口。

🕘10:00～17:00
休週二
🅟津野町北川4883-1
🚍JR須崎站搭高知高陵交通巴士55分，北川西下車即到
🅿免費

口感溫和，入口即化的霜淇淋（大500円）

圖書館　MAP 104D-2

雲之上圖書館（檮原町立圖書館）
●くものうえのとしょかん
ゆすはらちょうりつとしょかん
☎0889-65-1900
景點

前往隈研吾建築的圖書館
從天花板飛出無數根木材，以森林為意象的嶄新設計是建築師隈研吾氏所設計。收藏約6萬本書，可脫鞋在此放鬆閱讀。

🕘9:00～20:00　休週二、每月最後週五　🅟檮原町檮原1212-2　🚍JR須崎站搭高知高陵交通巴士1小時10分，四ツ角下車步行10分　🅿免費

依照主題擺放了48個書架

踏上坂本龍馬為了夢想而揭開新時代序幕所走的脫藩之道

CLOSE UP

據說坂本龍馬在脫藩之際，跨越了通往予土縣境韮峠連續險峻的山道。被選為歷史之道百選的脫藩之道，到處都是會讓人回想起幕末土佐的歷史遺跡。

脫藩之道漫步
●だっぱんのみちうぉーく
仰慕坂本龍馬的當地導遊，會介紹六志士的墳墓和舊掛橋和泉邸等相關景點。
☎0889-65-1187（檮原雲上觀光協會）
MAP 104D-3
費用 導遊1名5500円（1組約15名）
集合地點 檮原雲上觀光協會
所需時間 約1小時30分
預約 需在2週前預約

有時也會在以紋服前來導覽長靴的裝扮

舊掛橋和泉邸
●きゅうかけはしいずみてい
花費家財，支持志士的掛橋和泉之舊邸。由於掛橋家是神職之家，援助脫藩志士的和泉選擇自行了斷。閣樓的隱藏房間還保留著當時的樣貌。
☎0889-65-1350（檮原町生涯學習課）
🕘9:00～16:30　休無休　🅟檮原町檮原1492-4　🚍JR須崎站搭高知高陵交通巴士1小時10分，四ツ角下車步行10分

據說在幕末聚集了鄰近同志的茅葺屋
MAP 104D-3

六志士的墳墓
●ろくししのはか
夢想看見新時代的8人志士當中，祭祀土佐勤王黨的吉村虎太郎、花費家財援助脫藩者的掛橋和泉，那須俊平、那須信吾等檮原相關6人的分靈。
☎0889-65-1350（檮原町生涯學習課）
🅟檮原町檮原1561　🚍JR須崎站搭高知高陵交通巴士1小時10分，四ツ角下車步行3分

整齊排列的6尊墓碑
MAP 104D-3

從右邊數來第2個是龍馬像

維新之門（群像）
●いしんのもんぐんぞう
為彰顯以龍馬為首，目標是建立新國家、賭上脫藩的地方相關志士8人所建立的雕像。每尊姿勢都不一樣，但都用充滿士氣的神情望著脫藩之道。
☎0889-65-1350（檮原町生涯學習課）
MAP 104D-3
🅟檮原町川西路
🚍JR須崎站搭高知高陵交通巴士1小時10分，四ツ角下車步行5分

※高知高陵交通巴士可在中村分岐～檮原的區間自由上下車。

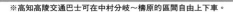

室戸・安藝

むろと・あき

在室戶岬眺望太平洋，
在城下町安藝來趟歷史散步

首先推薦這裡！

室戶岬燈塔
守護海上安全的室戶岬地標。沐浴在朝日或夕陽餘暉下的模樣特別美麗
➡P.84

位於高知縣東部的區域。最大的看點是充滿豪爽迷人風景的室戶UNESCO世界地質公園主要景點──室戶岬。滿溢風情街景的安藝、柚子製品非常有名的馬力路村也要去看看。

CONTENTS

特集

84	室戶地質公園開車兜風
88	在北川村感受偉人的世界
90	到馬路村遊玩

區域導覽

92	安藝
91	馬路・奈半利
86	室戶

高知市

安藝 ➡P.92
奈半利 ➡P.91
馬路 ➡P.91
北川 ➡P.88
室戶 ➡P.86

このエリアです

馬路村
在馬路村開發使用柚子的商品。有飲料、調味料等豐富的品項
➡P.90・91

室戶UNESCO世界地質公園
可看見受到海浪侵蝕的生動奇岩怪石
➡P.84

北川村
眼前整片色彩繽紛景色的「莫內庭園」馬摩丹非看不可➡P.88

access

	高知東部交通巴士		JR土讃線＆土佐黑潮鐵道	
室戶岬	🕐1小時 ¥1200円	奈半利站	🕐1小時25分 ¥1410円	高知站
	55 — 32 南国自動車道 78km 高知自動車道IC			**往室戶**

	高知東部交通巴士		JR土讃線＆土佐黑潮鐵道	
馬路村	12 — 55 — 32 南国自動車道 64km 高知自動車道IC			**往馬路**

	北川村營巴士		JR土讃線＆土佐黑潮鐵道	
北川村「莫內庭園」馬摩丹	🕐10分 ¥230円	奈半利站	🕐1小時25分 ¥1410円	高知站
	493 — 55 — 32 南国自動車道 51km 高知自動車道IC			**往北川**

	JR土讃線＆土佐黑潮鐵道	
安藝站	🕐1小時 ¥1250円	高知站
安藝	55 — 32 南国自動車道 33km 高知自動車道IC	**往安藝**

洽詢處

室戶市觀光協會
📞0887-22-0574

馬路村故鄉中心
📞0887-44-2333

北川村產業政策課
📞0887-32-1221

安藝觀光資訊中心
📞0887-34-8344

室戶地質公園開車兜風

除了充滿動態景觀的海岸線之外，還具備日本第一大透鏡的燈塔以及弘法大師淵源之地等，四周環繞太平洋的室戶有許多值得一看的景點。

兜風路線

GOAL	5		4		3		2		1		START
南国IC	御廚人窟	1km 即到	室戶岬	2km 約5分	室戶岬燈塔	4km 約10分	室戶海豚中心	9km 約20分	Kiramesse 室戶鯨館	67km 約2小時15分	南国IC

79km 約2小時40分（GOAL端）

室戶UNESCO世界地質公園是什麼？

地質公園不但可以感受到地球動態的重要地形，還能親身感受地質、特殊生態系和文化。整個室戶都是聯合國教科文組織世界地質公園。可遇見反覆多次的地震形成的宏偉大地、亞熱帶動植物、豐富的飲食文化和充滿熱情的人們。

掌握地質公園的資訊

室戶世界地質公園中心
●むろとせかいジオパークセンター **MAP 87B-1**

在這裡可獲得室戶UNESCO世界地質公園的遊玩方式和資訊，有各式各樣的展覽和充滿魄力的體驗箱，看點很多。也有附設咖啡廳和商店。

📞 **0887-23-1610**
🕐9:00～17:00　休無休　入免費入館　所室戶市室戶岬町1810-2　交土佐黑潮鐵道奈半利站搭高知東部交通巴士1小時8分，室戶世界ジオパークセンター下車即到　P免費

2 室戶海豚中心
●むろとドルフィンセンター

可和海豚交流的體驗設施。除了可和海豚一起游泳的海豚游泳體驗之外，還有無年齡限制的餵食體驗等豐富多元的活動項目。

可愛的海豚好療癒

可和海豚一起游泳的海豚游泳體驗

可近距離接觸海豚

MAP 87A-2
📞 **0887-22-1245**
🕐10:00～16:30　休10～3月的週三（逢假日、春假、寒假期間開園）　視體驗內容而異　所室戶市室戶岬町鯨浜6810-162 海の駅とろむ内　交土佐黑潮鐵道奈半利站搭高知東部交通巴士，室戶營業所下車步行5分　P免費

1 Kiramesse室戶鯨館
●キラメッセむろとくじらかん

位於公路休息站 キラメッセ室戶的鯨魚資料館。利用骨骼標本和模型介紹鯨魚生態、室戶的文化和歷史。

MAP 108B-4
📞 **0887-25-3377**　🕐9:00～17:00　休週一（逢假日則翌日休）　入館費500円　所室戶市吉良川町丙890-11　交土佐黑潮鐵道奈半利站搭高知東部交通巴士26分，キラメッセ室戶下車即到　P免費

位於國道55號沿線

散步前可先來這裡做功課

學習因捕鯨而繁榮的城鎮歷史

3 室戶岬燈塔
●むろとざきとうだい

可眺望蔚藍的天空和海洋，位於室戶岬前端的白色燈塔，沐浴在朝日或夕陽餘暉下的模樣特別美麗。備有日本最大直徑2.6m的透鏡，光達距離49km也是日本第一。位於最御崎寺後方。

MAP 87B-3
📞 **0887-22-0574**（室戶市觀光協會）
外觀可自由參觀　所室戶市室戶岬町　交土佐黑潮鐵道奈半利站搭高知東部交通巴士56分，スカイライン上り口下車步行20分　P免費

1899年完成之後，至今仍在使用

可眺望蔚藍天空和海洋的白色燈塔

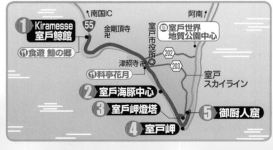

室戶地質公園開車兜風

種類豐富的鯨魚料理
キラメッセ室戶 食遊 鯨の郷
● キラメッセむろとしょくゆういさのごう

鄰接Kiramesse 室戶鯨館（P.84）的餐廳。招牌是鯨魚料理，可以品嘗到生魚片、半敲燒等餐點。使用海洋深層水鹽的冰淇淋也不要錯過。

📞 0887-25-3500　**MAP** 108B-4
🕐 10:30～18:30　休 週一（逢假日則翌平日休）
所 室戶市吉良川町丙890-11
🚌 土佐黑潮鐵道奈良利站搭高知東部交通巴士26分，キラメッセ室戶下車即到
P 免費

鯨魚生魚片1450円

在老字號料亭享用金目鯛料理
料亭花月
● りょうていかげつ

1925年創業的料亭。在室戶外海捕獲的海產料理當中，擺滿金目鯛的當地丼飯最有人氣。可品嘗到金目鯛照燒和生魚片兩種吃法。

📞 0887-22-0115　**MAP** 87A-1
🕐 11:00～13:30（週六日、假日為10:30～）
休 不定休　所 室戶市室津2586　🚌 土佐黑潮鐵道奈半利站搭高知東部交通巴士47分，室戶下車步行3分　P 免費

室戶金目鯛丼1800円

欣賞巨大規模的奇岩悠閒散步

室戶UNESCO世界地質公園的必看景點

超級亮點

④ 室戶岬
● むろとみさき

位於四國東南端的海岬。朝太平洋突出尖銳V字形約53.3km的海岸線，大部分都獲指定為室戶阿南海岸國定公園。周邊有全長約2.6km的步道，可在此觀察岩石和植物。

MAP 87B-3
📞 0887-22-0574（室戶市觀光協會）
所 室戶市室戶岬　🚌 土佐黑潮鐵道奈半利站搭高知東部交通巴士1小時，室戶岬下車即到　P 免費

⑤ 御廚人窟
● みくろど

據說約1200年前，弘法大師修行中曾居住過的洞窟。從這個洞窟中能看到的風景只有天空與海，故取名法號「空海」。旁邊的神明窟據說就是讓空海在苦行最後開悟的地方。

MAP 87B-3
📞 0887-22-0574
（室戶市觀光協會）
🕐 入洞為8:00～17:00
所 室戶市室戶岬町
🚌 土佐黑潮鐵道奈半利站搭高知東部交通巴士1小時，岬ホテル前下車步行5分　P 免費

留下弘法大師傳說的神祕洞窟

洞窟內有被稱為武所神社的祠社

這裡有很多景點

天狗岩
因形狀類似天狗的側臉而得其名。從國道55號路上能見到的自然奇景

魚鷹岩
據說約1400萬年前熔岩貫穿進入地層而形成。流傳著與絕世美女有關的傳說

行水之池
據說弘法大師於修行時在此沐浴的池子

室戶

●むろと

室戶獲聯合國教科文組織認證為世界地質公園，擁有一大片宏偉的景觀。可遊訪弘法大師有淵源的著名景點，以及和海洋深層水相關的療癒景點。

區域導覽

高知市　馬路
安藝　●北川
奈半利★　室戶

步道　MAP 87B-3

亂礁步道
●らんしょうゆうほどう
☎ 0887-22-0574
（室戶市觀光協會）
景點

受到波浪侵蝕的岩石景色相當壯觀

可在沿著海岸長達2.6km的步道上欣賞豪邁的景觀。從烏帽子岩到鴻岩的區間可看到眾多奇岩怪石。

🏠 室戶市室戶岬町
🚌 土佐黑潮鐵道奈半利站搭高知東部交通巴士1小時，室戶岬下車即到　🅿 免費

→在海邊散步走走

雕像　MAP 87B-3

室戶青年大師像
●むろとせいねんたいしぞう
☎ 0887-22-0506
（室戶青年大師像服務處）
景點

唯一的弘法大師青年像

1984年建立的弘法大師像，是唯一的19歲青年像。台座裡展示了描繪胎藏界、金剛界的彩繪玻璃。

🕐 7:00～17:00　🈵 無休　💴 參觀費300円　🏠 室戶市室戶岬町3903　🚌 土佐黑潮鐵道奈半利站搭高知東部交通巴士1小時，大師像前下車步行3分　🅿 免費

→含台座在內高21m

水族館　MAP 108C-4

室戶廢校水族館
●むろとはいこうすいぞくかん
☎ 0887-22-0815
景點

改造國小而來的特殊水族館

改建自舊椎名國小的館內，約展示了50種1000隻海洋生物。會看到利用教室、洗手台等當時設施的特殊展覽方式。

🕐 9:00～18:00（10～3月為～17:00）　🈵 無休　💴 入館費600円　🏠 室戶市室戶岬町533-2
🚗 南國IC車程79km　🅿 免費

→在跳箱水族箱裡游泳的金魚

資料館　MAP 87B-2

室戶海洋深層水AQUA FARM
●むろとかいようしんそうすいアクアファーム
☎ 0887-24-2822
景點

親身感受海洋深層水

從室戶岬汲取海洋深層水的設施。可直接接觸到從水深374m汲取上來的深層水，若有需求，還會進行海洋深層水的解說。

🕐 9:00～16:00　🈵 週日、假日　💴 入館免費　🏠 室戶市室戶岬町3507-1　🚌 土佐黑潮鐵道奈半利站搭高知東部交通巴士1小時5分，高岡神社前下車即到　🅿 免費

→採用藍色效果的時尚館內

瞭望台　MAP 87B-3

中岡慎太郎像上瞭望台
●なかおかしんたろうぞうじょうてんぼうだい
☎ 0887-22-0574
（室戶市觀光協會）
景點

沉浸在浪漫的氣氛中

被選定為戀人聖地的室戶岬絕景地。從中岡慎太郎像旁往上爬，就能在遠方看到美麗的地平線。

🏠 室戶市室戶岬町
🚌 土佐黑潮鐵道奈半利站搭高知東部交通巴士1小時，室戶岬下車即到　🅿 免費

→設置了「戀人的聖地」紀念碑

溫泉療養所　MAP 87B-3

室戶海洋深層水SPA searest muroto
●むろとかいようしんそうすいたいけんこうりゅうセンターシレストむろと
☎ 0887-22-6610
玩樂

用海洋深層水來變美麗

使用海洋深層水進行水中按摩和水中運動的健康促進設施。除了溫水游泳池之外，還設有三溫暖、露天浴池。

🕐 10:00～21:00　🈵 第2、4週三　💴 入館費（游泳池、三溫暖、浴池）1600円　🏠 室戶市室戶岬町3795-1　🚌 土佐黑潮鐵道奈半利站搭高知東部交通巴士1小時，シレストむろと下車即到　🅿 免費

→使用肩頸淋浴放鬆肌肉

在吉良川的街道當中散步

縣內第一個獲選定的重要傳統建築物群保存地區。可在導覽員的帶領下，散步於懷舊的街道當中。

CLOSE UP

→有美麗傳統建築的街道

參加導覽之旅！

所需時間
約1～2小時

集合地點
街道 第①停車場

費用
1500円（最多5名），超過5人每人追加300円

預約
1週前

→散步感受歷史與當地風情

MAP 108B-4
☎ 0887-25-3670（吉良川まちなみ館）

吉良川的街道　●きらがわのまちなみ

保留多數明治到昭和初期建築物的街道。為了從颱風等嚴峻自然環境中保護房屋，建築物外都蓋有石牆和瀝水瓦。

💴 自由參觀　🏠 室戶市吉良川町
🚌 土佐黑潮鐵道奈半利站搭高知東部交通巴士21分，吉良川學校通下車即到　🅿 免費

用餐處 — 釜めし初音

MAP 87A-1

釜めし初音
●かまめしはつね
☎0887-22-0290 美食

有許多室戶特有的魚料理

位於室戶港附近的用餐處。著名釜飯有金目鯛、小鮑魚、雞肉、蝦、牡蠣、鯨魚、什錦等7種。也可品嘗到金目鯛為主角的當地丼飯「室戶金目鯛丼」。

🕚11:00～13:00（週六日、假日為～13:30）、17:00～20:30 休不定休 所室戶市室津2616-1
交土佐黑潮鐵道奈半利站搭高知東部交通巴士47分，室戶下車步行3分 P免費

室戶金目鯛丼1800円

複合施設 — 海之站 東洋町

MAP 108C-2

海之站 東洋町
●うみのえきとうようちょう
☎0887-23-9955 購物

位於最東端充滿活力的海之站

販售當地捕獲的新鮮海產和農產品。在餐廳可自由選擇在當地捕獲的鮮魚，品嘗當場現做的生魚片。

🕘9:00～17:00 休無休
所東洋町白浜88-1
交阿佐海岸鐵道甲浦站步行15分 P免費

附設使用當地食材的餐廳

豪華露營設施 — MUROTO base55

MAP 87A-1

MUROTO base55
●ムロトベースごじゅうご
☎0887-98-7011 玩樂

可暢享室戶大自然的戶外活動設施

四周環繞室戶大自然的豪華露營設施。住宿棟的每間房間都有不同主題，空間相當舒適。也可邊眺望滿天繁星邊BBQ。

🕒IN 15:00、OUT 10:00 休無休
💴1泊2食10700円～ 所室戶市室津2836-2
🚗芸西西IC車程53㎞ P免費

設有吊床的戶外

餐廳 — シットロト

MAP 108B-4

シットロト
☎0887-22-1176 美食

可眺望海品嘗道地咖哩

由地質公園達人的店長經營的咖哩和紅茶專賣店。使用洋蔥和番茄炒煮5小時的咖哩味道相當有深度，很配當季摘採的紅茶。

🕦11:30～16:30 休週二、三 所室戶市元甲2748-3
交土佐黑潮鐵道奈半利站搭高知東部交通巴士28分，平尾第二下車步行3分 P免費

女性套餐1650円～

咖啡廳 — カフェ MUL蔵

MAP 87A-1

カフェ MUL蔵
●カフェモルぞう
☎0887-23-1766 咖啡廳

氣氛絕佳的祕境咖啡廳

使用舊大理石的地板和有100年歷史的餐桌，內部裝潢非常有氣氛的咖啡廳。在氛圍極佳的空間裡享用美味咖啡（400円）。

🕗8:00～16:00 休週一、二（逢假日則不定休，需洽詢） 所室戶浮津一番町58 交土佐黑潮鐵道奈半利站搭高知東部交通巴士35分，室戶浮津二番町下車步行即到 P免費

古色古香的教堂椅相當有質感

四十寺山

313

三津丸山

三津長壽園前

B 東洋

P.84 室津世界地質公園中心

P.87 カフェ MUL蔵

P.94 津照寺（津寺）（四国25）

P.87 釜めし初音

P.85 料亭花月

MUROTO base55 P.87

室戶市

土佐湾

太平洋

242 尾垂山

P.84 室戶海豚中心

室戶海洋深層水 AQUA FARM P.86

室戶海洋深層水 SPAsearest muroto P.86

室戶青年大師像 P.86

御厨人窟

P.94 最御崎寺（東寺）（四国24）

室戶岬燈塔 P.84

中岡慎太郎像上展望台 P.86

亂礁步道 P.86

P.85 室戶岬

室戶岬

周邊圖 P.108B-4

0　400　800m

●景點 ●玩樂 ●美食 ●咖啡廳 ●購物 ●溫泉 ●住宿 ●活動・祭典 卍四國八十八札所

在 北川村

遊訪充滿魅力的村子 ①

きたがわむら

博爾迪蓋拉 庭園

以莫內於地中海之旅畫的作品為主題。搭配橄欖等地中海農作物，以及柚子等柑橘和杜鵑花等日常熟悉的花木。

熱愛花草的「光之畫家」

克洛德・莫內
（1840～1926年）

1840年出生於法國巴黎。代表作有《睡蓮》、《乾草堆》系列。43歲移居到吉維尼，在此打造了理想的庭園，在生命走到盡頭之前，不斷將此庭院畫進畫布裡。

水 之庭園

出現在眼前的是彷彿莫內的名作《睡蓮》之光景。光線、水面以及各種顏色的睡蓮相互調和。睡蓮是法國莫內庭院本家的分株。

想看這個！

注意這個藍色睡蓮。莫內一直希望能成功開花卻沒能看到，竟然在北川村開花了。凜然的姿態非常美麗。

在北川村「莫內庭園」馬摩丹
邂逅畫中的風景

仿造法國印象派大師莫內在度過半生的吉維尼自家庭園的花園。在世界上正式以「莫內庭園」命名的只有法國本家和這裡，面積約3萬m²的園內種植了10萬株花草和樹木，由「水之庭園」、「花之庭園」、「博爾迪蓋拉庭園」構成。營造出「光之畫家」莫內最愛的光與色彩的景象。也有以莫內為主題的餐廳和商店。

北川村的交通資訊

🚌 巴士　從土佐黑潮鐵道奈半利站搭北川村營巴士到莫內庭園約10分（モネの庭巴士站下車，巴士1日6班），到中岡慎太郎館20分（柏木巴士站下車，巴士1日6班）

🚗 開車　從高知東部自動車道芸西西IC開車走國道55號、493號到莫內庭園約30km，到中岡慎太郎館約34km

花 之庭園

季節花朵蓬勃盛開

讓人聯想到畫家畫布的繽紛庭園。頭上有玫瑰拱門，增添華麗色彩。腳邊還有旱金蓮滿地盛開。

北川村「莫內庭園」馬摩丹

★きたがわむらモネのにわマルモッタン

MAP 108A-3

📞 0887-32-1233

🕐 3～11月的9:00～16:30（視時期而異）

❌ 6～10月的第1週三、12～2月

💰 入園費1000円　🚌 北川村野友甲1100

🚏 モネの庭巴士站即到　Ｐ免費

| 休息區 |

手工麵包工房
柚子紅豆麵包（1個）160円

柚子霜淇淋
450円

莫內庭園遊走方式

景點　慢慢散步，欣賞色彩繽紛的風景。從藝廊連接到「花之庭園」的開放式甲板上，可眺望北川村壯觀的大自然。

花季　「水之庭園」的睡蓮可從4月下旬開到10月下旬，最盛開為7月下旬到9月中旬。藍色睡蓮於6月底左右開花。5月下旬「花之庭園」的玫瑰拱門特別美麗。

路線　睡蓮會在10時到14時左右開花。視季節可能有異，因此春秋建議可依照「花之庭園」→「水之庭園」→「博爾迪蓋拉庭園」，夏天依照「博爾迪蓋拉庭園」→「水之庭園」→「花之庭園」的順序前進。

園內 MAP

風之丘　博爾迪蓋拉庭園　水之庭園　睡蓮盛開的水池　河邊小屋　玩樂森林　太鼓橋　售票處　花之庭園　Ｐ　藝廊、商店　咖啡廳 モネの家　手工麵包工房

感受偉人的世界

高知市區往東約55km。四面環山的北川村,因為是名留幕末歷史的中岡慎太郎的故鄉而聞名。另外還有重現法國畫家莫內庭園的花園。在這小小的村子裡能夠認識兩位活躍於國際不同場合的名人,因此備受矚目。

中岡慎太郎生平

中岡慎太郎1838年出生於北川村,是大庄屋(管理數村的鄉長)中岡小傳次的長男。1861年加入土佐勤王黨,2年後來到長州三田尻的三条實美底下,挺身參與倒幕運動。之後和坂本龍馬一同為締結薩長同盟盡心盡力,終於讓敵對的薩摩跟長州和解。留下多數功績,奠定維新基礎的慎太郎,壯志未酬就與盟友龍馬一同在京都近江屋遭到暗殺。那是1867年30歲的時候。在北川村重現了慎太郎的生家。介紹慎太郎生涯的資料館等相關景點全都匯集於那一帶,可在此追溯慎太郎在動盪時代奔走的足跡。

點燃向學心的菁英少年
每天走單程90分山路前往私塾,青春年代沉迷於學習,求學心旺盛且成績優秀。

擁有高度遠見 栽種柚子救濟村莊
北川村自古就有自生的柚子,在庄屋見習的慎太郎開始獎勵栽種。他鼓勵在家的後方和山麓種植柚子

比盟友龍馬還要更激進一些?
和坂本龍馬雖為同志,但兩人的想法有些微的不同。為了大政奉還,致力於倒幕運動。

結成地上戰的專業集團陸援隊
薩長同盟成立後,仍不懈於準備倒幕,集結約70名脫藩志士,組成地上實戰部隊「陸援隊」,並進行實戰訓練。

圖片提供/中岡慎太郎館

慎太郎寫給土佐同志的書信。脫藩後仍有頻繁聯絡

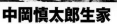

認識奔走動盪幕末的 中岡慎太郎

中岡慎太郎像 MAP 108B-3
★なかおかしんたろうぞう

充滿躍動感的脫藩時期慎太郎像。建於中岡慎太郎館前,為紀念其生辰160年。讓人緬懷起為理想而燃燒生命的年輕慎太郎。

☎0887-38-8600(中岡慎太郎館)
🚏北川村柏木140
🚌柏木巴士站即到 🅿免費

年輕時期
熱情爆發的青年像

介紹貫徹正義與志向的慎太郎生涯

慎太郎的和服正裝。從長度約可推算出他的身高約為153cm

中岡慎太郎館 MAP 108B-3
★なかおかしんたろうかん

讚揚慎太郎功績的資料館。1樓用平板和有劇情的影像來回溯慎太郎的生涯,2樓可參觀慎太郎等幕末志士的遺墨和書畫。

☎0887-38-8600
🕘9:00～16:00 🈑週二(逢假日則翌日休)
💴入館費500円 🚏北川村柏木140 🚌柏木巴士站即到 🅿免費

復原高品味的大庄屋宅邸

中岡慎太郎生家
★なかおかしんたろうせいか

當時的庄屋常見鋪有茅草的歇山式屋頂,主屋約有30坪。移建過來後,隨著文件於1967年復原。中岡慎太郎館即到。

MAP 108B-3

☎0887-38-2413(中岡慎太郎先生顯彰會)
🕘9:00～16:00 🈑週二 💴免費參觀
🚏北川村柏木140 🚌柏木巴士站即到
🅿免費

松林寺跡・ 中岡慎太郎遺髮墓地
★しょうりんじあと・なかおかしんたろういはつぼち

位於中岡慎太郎館後方的松林寺,是慎太郎4歲時學習學問的禪寺。腹地內有中岡家的墓地,慎太郎的雙親、妻子墓碑並列,並納有慎太郎的遺髮。

MAP 108B-3

☎0887-38-8600(中岡慎太郎館)
自由參觀 🚏北川村柏木
🚌柏木巴士站步行3分
🅿免費

年幼的慎太郎學習學問的場所

慎太郎周邊商品琳瑯滿目
都可在中岡慎太郎先生顯彰會(週二公休)購買

➡繪有臉部照片和家紋吊飾 各400円

➡有中岡慎太郎LOGO T恤 2000円

到馬路村遊玩

うまじむら

過去曾有鐵道在此森林行駛

馬路村鄰接北川村，森林占面積的96%，是個充滿大自然，人口約800人的小村子。兩大產業之一自古至今都是林業，另一個則是讓馬路村聞名全國的柚子栽培。搭乘支撐林業的交通工具，品嘗柚子製品，親身感受這個質樸村莊的魅力吧。

前往馬路村的交通資訊

🚌 巴士　土佐黑潮鐵道安藝站搭高知東部交通巴士55分，馬路下車即到／巴士1日4班（週六日、假日3班）

🚗 開車　高知東部自動車道芸西西IC開車走國道55號、縣道12號約42km

一整片梯田的閒逸風景　　貫穿馬路村的安田川

充滿溫馨感的招牌在此迎接

果實飽滿的特產柚子

眺望河川泡在暖呼呼的溫泉裡

窗戶對面是一大片尚未開發的大自然

建於清流安田川沿岸的溫泉旅宿設施。碳酸氫鹽‧氯化物泉的泉質讓肌膚變得細嫩光滑，據說有治療燙傷、皮膚病等的效果。好想邊眺望河川，盡情浸泡在溫泉當中。

鄉下壽司（附淡水魚）
1480円
入浴前後可享用高知的鄉土料理。用柚子調味的飯粒上，有滋味豐富的山菜配料。建議先預約。

馬路溫泉
📞0887-44-2026
🕐10:00～21:00、餐廳為11:00～14:00、17:00～20:30　㉻不定休
💰入浴費600円　🏠馬路村馬路3564-1
🚗芸西西IC車程42km　🅿免費
MAP 108B-2

在這裡入浴&用餐

在森林鐵道&傾斜鐵道搖晃前行

柴油蒸氣火車繞400m路線2圈的森林鐵道

林業盛行的馬路村，重現了明治到昭和時期用來搬運木材的交通工具。有用來將木材搬出山林的森林鐵道，和用在斜坡搬運的傾斜鐵道。

馬路森林傾斜鐵道
MAP 108B-2
📞0887-44-2026（馬路溫泉）
🕐8:30～16:30
㉻週一～六（假日、8月營業）
💰乘車費各400円
🏠停車場在馬路溫泉（馬路村馬路3564-1）
🚗芸西西IC車程42km　🅿免費

在這裡治詢

單程10分，在高低差50m移動的傾斜鐵道

購買名物柚子製品&木工品

高知市　馬路村　北川村

除了耳熟能詳的「ごっくん馬路村」之外，還有豐富多彩的柚子製品。魚梁瀨杉商品也不要錯過！

A B
天然魚梁瀨杉圓扇 550円～ ➡
清涼的天然木圓扇。只要貼上郵票，還可以當明信片投寄。

A B
ごっくん馬路村 140円 ➡
讓馬路村知名度大增的柚子飲料，清爽的口感美味不膩。

A
魚梁瀨杉沙拉碗 4950円～ ➡
由職人精心手工製作，特色是充滿動感又細膩的木紋。

A B
馬路壽司醋 580円～ ➡
可自由調味的萬能調味料。混在煮過的白飯裡，就會成為有柚子香的醋飯。

A B
柚子村護手霜 750円 ➡
柚子種子的保濕成分可讓肌膚保濕。有清爽的香氣

A 馬路村故鄉中心 Makaichotte家 **DATA** P.91
B 柚子之森 農產品直銷處 **DATA** P.91

在這裡購買

特產品 　MAP 108B-2

柚子之森 農產品直銷處
●ゆずのもり のうさんぶつちょくばいじょ　☎0887-44-2323　購物

有許多馬路村特有的伴手禮

位於柚子之森加工場腹地內的當地製品直銷處。販售ごっくん馬路村、青鬼柚子胡椒等柚子加工品、木工品等。也有販售馬路村的蔬菜、味噌等。

🕐8:15～17:00　休無休
📍馬路村馬路3888-4　🚗芸西西IC車程42km　Ｐ免費

←可在工場內參觀製造工程

特產品 　MAP 108B-2

馬路村故鄉中心 Makaichotte家
●うまじむらふるさとセンター まかいちょってや　☎0887-44-2333（馬路村故區中心）　購物

要找馬路村特產品就交給這裡

由觀光服務區和特產販售區所構成的設施。也有紅遍全國的馬路村柚子加工品和木工品。

🕐9:00～17:00　休無休
📍馬路村馬路382-1　🚗芸西西IC車程42km　Ｐ免費

←有許多馬路村品牌的商品「Makaichotte」是「交給我吧！」的意思

高知市　安藝・北川　馬路　室戶　奈半利

烘焙坊 　MAP 108B-2

うまじのパン屋
●うまじのパンや　☎0887-44-2555　購物

馬路村唯一的烘焙坊

從硬麵包、鹹麵包到點心類約有30種口味，也有因應村人要求所製作的麵包。使用柚子的麵包也非常受歡迎。

🕐9:00～18:00（售完打烊）
休週一、二　📍馬路村馬路3888-1
🚗芸西西IC車程42km　Ｐ免費

←陳列著剛出爐的麵包

房屋 　MAP 108A-3

岡御殿
●おかごてん　☎0887-38-3385　景點

接觸藩鎮時代的建築文化

1844年所建，為富商岡家的房屋。腹地內重現了書院造的御殿和灰泥牆倉庫等，傳遞出藩政末期的氛圍。

🕐9:00～16:30　休週二（逢假日則翌日休）　¥入館費300円　📍田野町2147-1　🚗土佐黑潮鐵道田野站步行7分　Ｐ免費（交流中心停車場）

←巡視東部時，作為根據地使用

露營場 　MAP 108A-2

安田川香魚舞動的清流露營場
●やすだがわアユおどる せいりゅうキャンプじょう　☎0887-39-2266　玩樂

可在清流遊玩的戶外活動設施

和戶外活動品牌「Coleman」合作的露營場。除有劃分為32區的營區和5棟小木屋之外，還有販售Coleman的露營道具。

全年開設　🕐IN 14:00、OUT 13:00（小木屋營區為OUT 11:00）
休週二、三　¥1區3300円～、小木屋1棟17600円～　📍安田町船倉500
🚗芸西西IC車程35km　Ｐ免費（第2輛起需付費）

→廣布於安田川沿岸

來參加導覽之旅吧！ CLOSE UP

想要在奈半利町自古保留下來的城市散步，遊逛指定為重要文化財的森林鐵道舊址，推薦參與由當地導遊帶領的導覽之旅。

奈半利町的城市散步導覽
MAP 108A-3 ●なはりちょうのまちみさんさくがいど

奈半利町裡有許多現存的登錄有形文化財，由「奈半利浦之會」的成員來導覽。會在史蹟和歷史交錯中，淺顯易懂地解說滿溢懷舊氣氛的街景。

☎0887-30-1816
（奈半利之鄉）

所需時間	約1～2小時
集合地點	土佐黑潮鐵道奈半利站
費用	2000円
預約	需在1週前預約

←在風情獨特的街景中散步

魚梁瀨森林鐵道導覽
MAP 108A-3 ●やなせしんりんてつどうがいど

會介紹跨越中藝地區5個町村的魚梁瀨森林鐵道遺址，以及奈半利川線軌道等處，不同路線有不同的遊逛方式。

☎0887-43-2055
（部落活動中心魚梁瀨）

所需時間	約3～5小時
集合地點	土佐黑潮鐵道安田站、奈半利站等
費用	4000円～（視路線而異）
預約	需在1週前預約

←可在魚梁瀨丸山公園體驗乘車

自然薯料理 　MAP 108A-3

味工房じねん
●あじこうぼうじねん　☎0887-39-2366　美食

黏稠又充滿風味的日本薯蕷

選用特產日本薯蕷的自然丼和山藥烏龍麵非常有人氣。與當地高中生合作的冰淇淋「森愛」使用了南酒造的酒粕和特產柚子，也有提供販售。

🕐7:00～13:30　休第3週四
📍安田町正弘566　🚗土佐黑潮鐵道安田站搭計程車10分　Ｐ免費

→在親子丼上放了滿滿日本薯蕷的自然丼850円

土居廓中武家屋敷

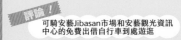

● どいかちゅうぶけやしき

MAP 92B-1

☎ 0887-34-8344
(安藝觀光資訊中心)

景點

傳遞藩政時代樣貌的市容

充滿風情的武家屋敷環繞著安藝城遺址的這一帶被稱為「土居廓中」，是土佐藩主山內氏倚重的五藤氏家臣所住的區域。在蓬萊竹和烏岡櫟的樹籬環繞下，保留了藩政時代建築物的原貌。

外觀可自由參觀 🚃安芸市土居 🚉土佐黑潮鐵道安藝站搭計程車5分

↑被綠色樹籬環繞的屋敷

評論！ 可騎安藝Jibasan市場和安藝觀光資訊中心的免費出借自行車到處遊逛

● 廓中ふるさと館
かちゅうふるさとかん

MAP 92B-1

位於城下町的餐廳。除了有鹽味恰到好處的釜揚魩仔魚丼，使用特產茄子的咖哩也大受好評。

☎ 0887-34-0701
🕐11:00～14:30
（商店為9:00～17:00）
🈹週一、五（逢假日則營業）
🚃安芸市土居1017-1
🚉土佐黑潮鐵道安藝站搭計程車5分

↑什錦天婦羅魩仔魚丼 1150円
↑可在散步途中繞過來看看

● 安藝市立歷史民俗資料館
あきしりつれきしみんぞくしりょうかん

MAP 92B-1

展示土佐藩家老五藤家代代相傳的美術工藝品。

☎ 0887-34-3706
🕐9:00～17:00 🈹週一
（逢假日則開館）🈹入館費330円
🚉土佐黑潮鐵道安藝站搭計程車5分

↑鄰接書法美術館

● 野村家住宅
のむらじゅうたく

MAP 92B-1

土居廓中唯一對外開放的武家屋敷。

☎ 0887-34-8344
（安藝觀光資訊中心）
🕐8:30～17:00
🈹無休
🈹免費參觀
🚃安芸市土居953-イ
🚉土佐黑潮鐵道安藝站搭計程車5分

↑木造平屋建築的野村家

岩崎彌太郎的出身地

安藝
● あき

位於高知市與室戶市之間的安藝市，地標為明治時代就一直刻劃時間至今的野良鐘。也是奠定三菱集團基礎的岩崎彌太郎的出身地。

高知市　馬路
　　　　●北川
安藝　　●室戶
　　奈半利

野良鐘
● のらどけい

MAP 92B-1

☎ 0887-34-8344
（安藝觀光資訊中心）

景點

隨著時間刻劃歷史

安藝市的地標時鐘台。1887年左右，由自學時鐘結構的地主畠中源馬，從齒輪到銅全都自行製作完成。

外觀可自由參觀
🚃安芸市土居
🚉土佐黑潮鐵道安藝站搭計程車5分
🅿免費

↑有懷舊感的時鐘台

伊尾木洞
● いおきどう

MAP 102F-4

☎ 0887-34-8344
（安藝觀光資訊中心）

景點

蕨類覆蓋的側牆相當神祕

走在國道沿線的派出所旁的水路，稍微走一小段路就會看到洞窟入口。這周圍原本是海，受到海浪侵蝕形成的天然洞窟。長約40m的洞窟內部覆蓋著蕨類的側牆延續了數百公尺。多種蕨類生長在同一個地方相當罕見，獲指定為國家的天然紀念物。

自由參觀
🚃安芸市伊尾木117
🚉土佐黑潮鐵道伊尾木站步行7分
🅿免費

→蕨類覆蓋10m以上的側牆。可使用從伊尾木洞步行2分的專用停車場

● 景點 ● 玩樂 ▲ 美食 ■ 咖啡廳 ● 購物 ● 溫泉 ● 住宿 ● 活動‧祭典

旅遊資訊！

阿龍與君枝姐妹像
おりょう きみえ しまいぞう

景點

藝西村的琴濱上有坂本龍馬的妻子阿龍，與小姨子君枝的雕像。據說龍馬過世後，阿龍到妹妹嫁去的藝西村住了一年左右。

阿龍與君枝姐妹像。朝著桂濱的龍馬像揮手

MAP 102E-3
所芸西村和食
交土佐黑潮鐵道和食站步行7分

Column

三菱集團的創辦人

岩崎彌太郎的相關景點

1835年出生於地下浪人之家的岩崎彌太郎，曾擔任坂本龍馬率領的海援隊會計，之後在海運業獲得成功，並成為三菱集團的創辦人。生辰150年時建立此銅像，現在移設到岩崎彌太郎生家的停車場北側。

高3m的岩崎彌太郎像

岩崎彌太郎生家
いわさきやたろうせいか　MAP 92A-1

彌太郎的曾祖父建蓋的茅草屋，平屋的內部有4個房間，灰泥牆倉庫的鬼瓦上留有三菱標誌原形的家紋。

0887-34-8344（安藝觀光資訊中心）
L 8:00～17:00
休 無休
¥ 免費參觀　所 安芸市井ノ口甲1696
交 土佐黑潮鐵道安藝站搭計程車10分
P 免費

主屋建於被樹籬包圍的腹地中央

陶藝館　MAP 92B-1

內原野陶藝館
うちはらのとうげいかん
0887-32-0308　玩樂

在陶器之鄉體驗製陶

可體驗內原野燒陶藝製作和彩繪上色。作品約1個半月可以燒好，海外寄送需洽詢。也可體驗燈工玻璃吹製和噴砂。

L 9:00～17:00（報名至～15:00）　休 週三（逢假日則開館）
¥ 手拉胚體驗2500円～　所 安芸市川北乙1607-1
交 土佐黑潮鐵道安藝站搭計程車10分　P 免費

教導細心，可開心體驗陶藝製作

觀光服務設施　MAP 92A-2

安藝觀光資訊中心
あきかんこうじょうほうセンター
0887-34-8344　景點

最適合當安藝觀光的出發點

在此觀光服務處可體驗岩崎彌太郎生涯的VR劇場等，也可免費租借自行車和購買伴手禮。

L 8:30～17:30　休 無休
所 安芸市矢ノ丸1-4-32
交 土佐黑潮鐵道安藝站步行5分　P 免費

觀光前先來此蒐集資訊

咖啡廳　MAP 92A-2

cagom
カゴム
0887-34-3490　咖啡廳

歡迎享用使用安藝食材的餐點

使用從當地直銷市場進貨的食材，提供早餐、定食、甜點等。由姐妹經營的溫馨氣氛也是魅力之一。

L 8:00～16:00　休 週六、不定休
所 安芸市矢ノ丸4-6-30
交 土佐黑潮鐵道安藝站步行5分　P 免費

期間限定登場的布丁芭菲600円

餐廳　MAP 102E-4

安芸しらす食堂
あきしらすしょくどう
0887-34-8810　美食

享用新鮮鬆軟的魩仔魚丼

經營魩仔魚加工廠的餐廳。招牌丼飯放滿剛捕獲的魩仔魚，另外放上釜揚魩仔魚的小魚霜淇淋也很有人氣。

L 11:00～15:30　休 週四
所 安芸市西浜3411-46
交 土佐黑潮鐵道球場前站步行15分　P 免費

揚釜揚魩仔魚丼套餐900円

特產品　MAP 92A-2

安藝Jibasan市場
あきえきぢばさんいちば
0887-35-7500　購物

販售當地採收的蔬菜和內原野燒陶器等特產。可免費租借方便於安藝城市散步的自行車。

L 7:00～19:30　休 無休
所 安芸市矢ノ丸4-2-30　交 土佐黑潮鐵道安藝站站內　P 免費

洋菓子　MAP 92A-2

洋菓子倶楽部
ようがしくらぶ
0887-34-4367　購物

老字號西點專賣店。除了使用發酵奶油的芳香費南雪之外，還有使用當地蔬果、多元豐富的蛋糕。

L 10:00～18:30　休 週二、第1週日、第3週三　所 安芸市矢ノ丸3-2-6　交 土佐黑潮鐵道安藝站即到　P 免費

稍微走遠一點
前往絕景咖啡廳
CLOSE UP

SEA HOUSE
シーハウス

可從三面都是玻璃的店內，眺望海洋和天空交織出絕景的咖啡廳。可一起品嘗義大利麵和甜點等餐點。

0887-32-2880　MAP 102E-3
L 11:00～19:30
休 週三　所 芸西村西和分乙54-1
交 土佐黑潮鐵道西分站步行15分　P 免費

1、2樓都有海景可看

八十八札所 巡禮

從建於室戶岬的最御崎寺（東寺）到足摺岬的金剛福寺，再到有龍宮傳說的延光寺。可一邊眺望黑潮蜿蜒的土佐灣，一邊遊逛高知縣內16個札所。

高知16靈場

遍路朝聖者的基本裝備

服裝沒有規定，但通常遍路朝聖者的標準配備都是身穿白衣、頭戴菅笠，手持金剛杖來整頓心境。

頭陀袋 ずだぶくろ
裡面會有的東西
白布肩揹包

經書 きょうほん
寫有般若心經、十三佛真言，四國靈場通用。

佛珠 じゅず
真言宗的形式是繞兩圈掛在手上

納經帳 のうきょうちょう
領取每個札所本尊和寺號的墨書、寺印

納札 おさめふだ
視巡禮的次數，顏色會不一樣

菅笠 すげがさ
參拜時可戴著，但要拖鞋進入室內時要拿下來

輪袈裟 わげさ
參拜時的正式裝束。去洗手間和用餐時會拿下來

白衣 びゃくえ
被寫上著「南無大師遍照金剛」的文字

金剛杖 こんごうづえ
弘法大師的化身

參拜結束後要去領取墨書和寺印
墨書和寺印在納經所領取。服務時間為7時到17時（部分有異）。山裡的札所有時會提早結束，此外遍路朝聖者多的季節，服務處通常人會很多，最好規劃充裕的時間。納經費為納經帳300円、納經軸500円、白衣200円。

第24號札所

室戶山明星院 最御崎寺（東寺）
むろとざんみょうじょういん ほつみさきじ ひがしでら

相對於西方的金剛頂寺而被稱為東寺，建於可眺望宏偉太平洋的地方。收藏重要文化財藥師如來座像、月光菩薩立像。佛像僅於11月左右的燈塔祭之日公開。

MAP 87B-3
☎0887-23-0024
⏰7:00～17:00
🏠室戶市室戶岬町4058-1 🚌土佐黑潮鐵道奈半利站搭高知東部交通巴士58分，スカイライン上り口下車步行20分
🅿免費

第25號札所

寶珠山真言院 津照寺（津寺）
ほうしゅざんしんごんいん しんしょうじ つてら

本尊為弘法大師空海親自雕刻的延命地藏菩薩。傳說土佐藩主山內一豐遇遇船難時，本尊變身為僧侶模樣的引導他到寶津港，故有「楫取地藏」之別名。

MAP 87A-1
☎0887-23-0025
境內自由參觀
🏠室戶市室津2652-イ 🚌土佐黑潮鐵道奈半利站搭高知東部交通巴士47分，室戶下車步行10分

第25號到津照寺車程約7km

第26號札所

龍頭山光明院 金剛頂寺
りゅうずざんこうみょういん こんごうちょうじ

807年弘法大師空海開基的寺廟，本尊為藥師如來坐像。在正倉院建築樣式的靈寶殿收藏了弘法大師空海的旅壇具、高麗時代的銅鐘等重要文化財（參觀為預約制）。

MAP 108B-4
☎0887-23-0026
⏰7:00～17:00
🏠室戶市元乙523 🚗南國IC車程69km
🅿1次200円

第26號到金剛頂寺車程約6km

第27號札所

竹林山地藏院 神峯寺
ちくりんざんじぞういん こうのみねじ

建於神峯山半山腰的真言宗寺廟，道路險峻，是遍路朝聖的著名難關。三菱財閥創始人岩崎彌太郎的母親為求兒子事業有成，花了21天前來朝拜。境內的日本庭園也是一大看點。

MAP 108A-3
☎0887-38-5495
境內自由參觀
🏠安田町唐浜2594 🚌土佐黑潮鐵道唐澤站搭計程車10分
🅿付費

第27號到神峯寺車程約33km

第28號札所

法界山高照院 大日寺
ほうかいざんこうしょういん だいにちじ

位於三寶山西麓的寺院，天平年間（729～749年）由行基開基。本尊大日如來像據說是行基所作，和脇佛佛觀音像同為重要文化財，但並未對外開放。

MAP 52A-1
☎0887-56-0638
境內自由參觀
🏠香南市野市町母代寺476 🚌土佐黑潮鐵道野市站搭計程車5分
🅿免費

第28號到大日寺車程約38km

第29號札所

摩尼山寶藏院 國分寺
まにざんほうぞういん こくぶんじ

因聖武天皇的勅願建於諸國的國分寺之一。741年由行基開基，之後由弘法大師空海復興。本堂為重要文化財，整個境內被指定為國家史蹟。

MAP 48E-1
☎088-862-0055
⏰境內自由參觀、參觀本堂寶物、寺院咖啡廳為9:00～16:00 🈚無休 💰寶物參觀費500円、寺院咖啡廳500円 🏠南國市國分546 🚌土佐黑潮鐵道後免站搭南國市社區巴士18分，国分寺通下車步行7分 🅿免費

第29號到國分寺車程約11km

第30號札所

百百山東明院 善樂寺
どどざんとうみょういん ぜんらくじ

弘法大師空海開基的真言宗寺院。過去是土佐國第一的宮總鎮守高鴨大明神的別當寺而興盛。現在的本堂於1983年改建。

MAP 49C-1
☎088-846-4141
境內自由參觀
🏠高知市一宮しなね2-23-11 🚃JR土佐一宮站步行20分
🅿免費

第30號到善樂寺車程約7km

第33號札所

延曆年間（782～806年）由弘法大師空海開基。創建當時是真言宗，在中興末期改為臨濟宗，寺號從「高福寺」改為「雪蹊寺」。

高福山幸福院　雪蹊寺（せっけいじ）

第33號到雪蹊寺車程約10km

MAP49B-4
☎088-837-2233
境內自由參觀
所高知市長浜857-3
交JR高知站搭土佐電交通巴士25分，長浜下車步行7分
P奉獻金

第32號札所

位於峰山山頂，以峰寺暱稱為人所知。據説平安初期，弘法大師空海為祈求航行於土佐外海的船隻安全，而雕刻了十一面觀音，供奉為本尊。

八葉山求聞持院　禪師峰寺（ぜんじぶじ）

第32號到禪師峰寺車程約8km

MAP48D-3
☎088-865-8430
境內自由參觀
所南國市十市3084
交高知IC車程10km
P免費

第31號札所

724年由行基開基的真言宗寺院。重要文化財的歇山式屋頂本堂、大師堂，以及由著名庭園設計師禪僧夢窗國師所設計的室町樣式庭園可參觀。

五台山金色院　竹林寺（ちくりんじ）

第32號到竹林寺車程約9km

MAP49C-2
☎088-882-3085
境內自由參觀，寶物館、庭園為8:30～16:30
休寶物館、庭園無休
¥寶物館、庭園參觀費400円
所高知市五台山3577
交JR高知站搭計程車20分　P免費

第36號札所

位於橫浪半島一隅，宇都賀山東麓的札所。延續到本堂的170階石梯有許多遍路朝聖者來來往往。據説為弘法大師空海從修行地唐朝歸國後所建造。

獨鈷山伊舍那院　青龍寺（しょうりゅうじ）

第36號到青龍寺車程約14km

MAP103B-4
☎088-856-3010
8:00～17:00
休無休
所土佐市宇佐町竜163
交土佐IC車程12km
P免費

第35號札所

8世紀初期左右由行基開基。之後手持錫杖巡教的弘法大師空海用錫杖往地面一震，便湧出清水，形成一片如鏡面般的水池，故命名為「鏡池院青瀧寺」。

醫王山鏡池院　清瀧寺（きよたきじ）

第35號到清瀧寺車程約10km

MAP103B-3
☎088-852-0316
境內自由參觀
所土佐市高岡町丁568-1
交土佐IC車程3km
P免費

第34號札所

寺的起源為祈求航海安全，本尊為藥師如來像的重要文化財。寺號的由來是弘法大師空海帶下了從中國帶回來的五穀種子。

本尾山朱雀院　種間寺（たねまじ）

第34號到種間寺車程約7km

MAP49A-4
☎088-894-2234
境內自由參觀
所高知市春野町秋山72
交土佐IC車程9km
P免費

第39號札所

724年由行基開基的真言宗古寺。據説是紅色烏龜從龍宮捎來的梵鐘上，刻有延喜11年的年號，獲指定為重要文化財。

赤龜山寺山院　延光寺（えんこうじ）

第39號到延光寺車程約62km

MAP107C-2
☎0880-66-0225
境內自由參觀
所宿毛市平田町中山390
交土佐黑潮鐵道平田站搭計程車5分
P免費

第38號札所

建於足摺岬前端、直接承受太平洋強風的高地上。822年由弘法大師空海開基，是嵯峨天皇的勅願所。有和泉式部的逆修塔。

蹉跎山補陀洛院　金剛福寺（こんごうふくじ）

第38號到金剛福寺車程約85km

MAP75B-3
☎0880-88-0038
7:00～17:00
休無休　所土佐清水市足摺岬214-1
交土佐黑潮鐵道中村站搭高知西南交通巴士1小時45分，足摺岬下車即到
P免費

第37號札所

這裡流傳與弘法大師空海相關的七個不可思議傳説：三度栗、子安櫻、無口蛭等，因此而聞名。

藤井山五智院　岩本寺（いわもとじ）

第37號到岩本寺車程約50km

MAP104E-4
☎0880-22-0376
境內自由參觀
休不定休　所四万十町茂串町3-13
交JR窪川站步行10分
P協力金

在露台悠閒度過也很不錯

※若住宿費用標示為「2食」，則為2人1房時1人1晚的費用；若標示為「單人房」「雙床房」「雙人房」，則為1房的費用。
※標示費用皆包含稅金與服務費，但會依房型和季節而異，請事先確認。

以下將介紹可眺望太平洋的度假飯店、引人熱議的建築師設計的飯店等高知特有的精選旅宿。

土佐市 VILLA SANTORINI
●ヴィラ・サントリーニ

一整片白色和藍色的世界

以建於希臘聖托里尼島的飯店為形象的愛琴海度假飯店。本館客房共有14房，採用傳統的洞窟型建築，還設有具度假感的戶外游泳池。新館的4房是平屋頂設計，寬敞的空間最吸引人。飯店以餐點為豪，有很多人是衝著使用高知山珍海味的義式料理而來。

MAP 103B-4

2食 39600円～

☎088-856-0007
⏰IN 15:00、OUT 11:00
🏠土佐市宇佐町竜599-6
🚗土佐IC車程13km
🅿免費

本館客房有雙床房、雙人房、豪華房3種

重現愛琴海度假地的白色飯店住宿令人憧憬

連小路和階梯都重現，彷彿人就在島上

海邊絕景旅宿

面向太平洋的高知縣，有很多地理位置絕佳的海邊旅宿！以下精挑細選出以住宿為目的的精美旅宿。

中土佐町 黑潮本陣
●くろしおほんじん

從太平洋汲取海水加熱後，打造成露天汐湯

建於可眺望太平洋的高地上。除了客房之外，大廳、露天浴池也能一覽大海絕景。鰹魚半敲燒等高知特產料理也大受好評，一般遊客也可使用餐廳。

MAP 104F-3

2食 19950円～

不住宿入浴
⏰10:30～16:00、18:30～20:00（僅週四晚）
💰入浴費700円

☎0889-52-3500
⏰IN 15:00、OUT 10:00
🈺第2週四（逢假日、假日前日則變更，8月無休）
🏠中土佐町久礼8009-11
🚗JR土佐久礼站搭計程車5分（有從土佐久礼站出發的接送服務，預約制）
🅿免費

以可一覽太平洋的絕景露天浴池為豪的旅宿

宿毛市 宿毛度假飯店 椰子之湯
●すくもリゾートやしのゆ

梯田狀的露天浴池。可享受逐漸變化的宿毛之海

建於可俯瞰威陽島的高地上，所有房間都可看到海景。御影石打造的3層梯田狀露天浴池最有名，可從寢湯眺望宿毛灣。晚餐可大量使用從宿毛海邊捕獲的海產入菜的懷石料理。

MAP 107C-3

2食 14410円～

不住宿入浴
⏰6:00～8:30、13:00～20:30（有變動）
💰入浴費750円

☎0880-65-8185
⏰IN 15:00、OUT 10:00
🏠宿毛市大島17-27
🚗土佐黑潮鐵道宿毛站搭計程車10分 🅿免費

在可眺望宿毛毛灣的梯田狀露天浴池，身心都舒展開來

土佐清水市 足摺國際飯店
●あしずりこくさいホテル

可看到海景的面海客房

以具備絕景露天浴池的絕佳地理位置自豪。舉辦「足摺觀星」和到白山洞門（P.70）的「晨間健走」活動。可盡情暢享足摺的大自然。

MAP 75A-3

2食 15400円～

☎0880-88-0201
⏰IN 15:00、OUT 10:00
🏠土佐清水市足摺岬662
🚗土佐黑潮鐵道中村站搭高知西南交通巴士1小時42分，足摺國際ホテル前下車即到 🅿免費

可暢享足摺壯觀大自然的旅宿

可俯視太平洋的露天浴池

土佐清水市 TheMana Village
●ザマナヴィレッジ

餐廳有泳池改裝的露台座，坐在這悠閒享受

位於足摺岬的四國最大度假勝地。除了飯店之外，還有餐廳、咖啡廳、市集、溫泉等，設施充足，可享受遠離日常的旅宿氣氛。

MAP 75A-3

2食 22500円～

☎0880-88-1111
⏰IN 16:00、OUT 10:00
🏠土佐清水市足摺岬783
🚗土佐黑潮鐵道中村站搭高知西南交通巴士1小時47分，TheMana Village前即到 🅿免費

在足摺岬的大自然當中享受遠離日常的一刻

里山療癒旅宿

有沿著清流的溫泉旅宿和位於雲上的度假勝地。以下介紹充滿大自然的療癒旅宿。

中津溪谷 湯之森

仁淀川町
●なかつけいこくゆのもり

由氣氛沉靜的本館和使用仁淀川町產木材建造的小屋構成。露天浴池前方是一片遼闊綠意,可聽到潺潺流水聲。晚餐可在住宿者專用餐廳享用日式料理。

2食 18950円~

☎0889-36-0680 **MAP** 104E-1
● IN 15:00、OUT 10:00 休週二(逢假日則翌平日休)、每月2次週三不定休
📍仁淀川町名野川258-1 🚌JR佐川站搭黑岩觀光巴士34分,名野川下車步行7分 P免費

不住宿入浴
● 11:00~19:30
¥ 入浴費800円

從仁淀川上流域的中津溪谷傳來潺潺流水聲

從河川側的大浴場(男女輪流制)可看到美麗的綠意景觀

小屋裡備有寬敞的床和羅漢松浴池

Auberge土佐山

高知市
●オーベルジュとさやま

有飯屬棟和套房形式的別墅棟,皆為使用當地杉木和土佐灰泥的摩登空間。有運用當地素材烹煮的和風創意料理、樹木環繞的露天浴池,可盡情享受里山的恩惠。

2食 29700円~

☎088-850-6911 **MAP** 103C-3
● IN 15:00、OUT 11:00 🚗高知IC車程30km(有從高知東方飯店前出發的接送服務,預約制) P免費

不住宿入浴
● 10:30~20:00
¥ 入浴費800円

在土佐山大自然的懷抱下以料理自豪的摩登旅宿

被里山氛圍環繞的旅宿

以吊橋和飯店棟連接的別墅

四萬十之宿

四萬十市
●しまんとのやど

建於充滿綠意的山丘上。大量使用漆喰和和紙等自然素材的客房、樹木包圍的海水露天浴池等,到處都是寬敞的療癒空間。

MAP 106E-2

2食 17600円~

☎0880-33-1600
● IN 15:00、OUT 10:00 休每年2次不定休
📍四万十市下田3370 🚕土佐黑潮鐵道中村站搭計程車15分 P免費

自然森林環繞的度假飯店

充滿大自然的地理位置

充滿綠意

不住宿入浴
● 6:30~21:00(4~10月為6:00~)
¥ 入浴費750円

在海水露天浴池撫慰身心

星羅四萬十飯店

四萬十市
●ホテルせいらしまんと

清水混凝土的挑高大廳充滿摩登的氛圍。從客房和大浴場可以眺望遼闊的四萬十川,以使用四萬十當地食材的晚餐為傲。附設的天文台也會舉辦天體觀賞會。

MAP 68B

2食 12100円~

☎0880-52-2225
● IN 16:00、OUT 10:00 🚌有從JR江川崎站出發的接送服務;預約制 P免費

建於可眺望四萬十川的高地上

擁有天文台最適合當四萬十的溫泉旅宿最適合當四萬十的觀光據點

不住宿入浴
● 7:00~9:00、16:00~22:00(週六日、假日的11:00~14:00也可入浴)
¥ 入浴費800円

由星空服務人員所帶領的天體觀望會(舉辦時間需洽詢)

Marche Yusuhara

梼原町
●マルシェ・ユスハラ

位於町之驛 ゆすはら(P.82)2、3樓的飯店。由隈研吾氏設計,充滿木頭溫暖的空間美富含魅力。**MAP** 104D-2

2食 12690円~

☎0889-65-1288
● IN 15:00、OUT 11:00
📍梼原町梼原1196-1 🚌JR須崎站搭高陵交通巴士1小時10分,四汉角下車即到 P免費

被木頭溫暖環繞的隈研吾建築旅宿

客房以西式房為主,有4種類型

北川村溫泉 柚子之宿

北川村
●きたがわむらおんせんゆずのやど

在大片美麗森林大自然當中的溫泉旅宿。弱齡性的碳酸氫鹽泉特徵是泡過會讓肌膚變得細嫩光滑。帶有木頭溫暖的客房有3種類型,全都是和風時髦的設計。**MAP** 108B-2

2食 14450円~

☎0887-30-1526
● IN 15:00、OUT 10:00
📍北川村小島121 🚗芸西西IC車程42km P免費

從客房可眺望奈半利川

在柚子之鄉的溫泉旅宿泡滑嫩溫泉療癒身心

不住宿入浴
● 11:00~20:30 休週二
¥ 入浴費700円

以木頭為基調的摩登大廳

有無障礙空間和和洋多種房型的「天誠」客房

男用檜木露天浴池。
女用浴池有附按摩池

城西館
●じょうせいかん

土佐電交通上町1丁目電車站即到

老字號旅館特有的沉穩和風空間最為迷人，最上層的展望露天浴池是可眺望高知城和四國山脈的絕佳觀景點。晚餐可從皿缽料理、宴席料理、法式料理當中選擇。

MAP 47A-4

2食 19800円～

☎088-875-0111
🕐IN15:00、OUT10:00
🏠高知市上町2-5-34
🅿1晚880円

不住宿入浴

🕐12:00～16:00
¥入浴費1100円

可遠望高知城點燈的
湯上り茶屋

2樓的「藁燒きタタキ工房」
會實際示範稻草燒

可品嘗到鄉土料理及和風宴席料理(照片為料理一例)

透過日本庭園和溫泉
享受旅遊情懷

晚餐準備了宴席料理和皿缽料理

立地絕佳 高知市旅宿
位於觀光要衝的高知市區，散布著許多老字號溫泉旅館和方便的商業飯店！

用獨創華麗的料理
來招待旅客的美食旅宿

三翠園
●さんすいえん

土佐電交通縣廳前電車站步行3分

建於第15代土佐藩主山內豐信（容堂）下屋敷長屋的溫泉旅館。設置露天浴池以及備有大窗戶的大浴場，可享受高知市最先湧出的溫泉。能在房內享用的鄉土料理也大受好評。

2食 16650円～

MAP 47C-4
☎088-822-0131
🕐IN15:00、OUT10:00
🏠高知市鷹匠町1-3-35
🅿1晚800円

不住宿入浴

🕐10:00～16:00
¥入浴費1100円

客房為和風擺設

被溫泉療癒的
石造露天浴池

土佐御苑
●とさぎょえん

土佐電交通高知橋電車站步行5分

除了發源自高知的鰹魚半敲燒之外，以使用山珍海味的料理為豪。可沉浸在海洋深層水湯池的浴場，有信樂燒天然鐳礦石的「龜浴池」等多種浴池。

MAP 46E-1

2食 15400円～

☎088-822-4491
🕐IN15:00、OUT10:00
🏠高知市大川筋1-4-8
🅿1晚800円

不住宿入浴

🕐5:30～9:00、16:00～24:00
¥入浴費900円

女湯裡有「雪洞浴池」和「龜浴池」，附露天浴池的和風摩登套房

高知市的方便商務飯店在這裡！

7天Plus飯店
●セブンデイズホテルプラス

土佐電交通蓮池町通電車站即到

內部裝潢時尚，有型、充滿藝術氛圍的大廳令人印象深刻。早餐可吃到每天早上麵包店現烤出爐的麵包。平日也可選擇和食。

S 7200円～
T 12500円～

MAP 46F-2

📞 088-884-7111
🕐 IN15:00、OUT10:00
🏠 高知市はりまや町2-13-6
🅿 1晚800円

有型時尚的大廳

摩登洗練的空間

高知皇宮飯店
●こうちパレスホテル

JR高知站步行7分

在鬧區正中央的位置，地點非常方便。高知城和弘人市場等觀光地都在步行範圍內，很容易前往。早餐的自助百匯也很有人氣。

S 6400円～
T 11300円～
W 11300円～

📞 088-825-0100
🕐 IN15:00、OUT10:00
🏠 高知市廿代町1-18
🅿 1晚800円

MAP 46E-2

所有房間都採用加大單人床

對觀光、商務都很方便

JR高知克雷緬特Inn
●ジェイアールクレメントINこうち

JR高知站即到

融入土佐和紙、土佐漆喰等傳統工藝的內部裝潢相當吸引人。早餐有日式、西式等6種定食可選擇，其中又以「鰹魚稻草半敲燒定食」最受歡迎。

S 7500円～
T 12000円～

MAP 46E-1

📞 088-855-3111
🕐 IN15:00、OUT11:00
🏠 高知市北本町1-10-59
🅿 1晚1000円

雙床房備有120cm寬的床鋪

可接觸高知傳統工藝的站前飯店

Hotel No.1 Kochi
●ホテルナンバーワンこうち

土佐電交通高知橋電車站步行10分

本館14樓屋頂上的露天浴池，可眺望高知市區夜景。能品嘗約20種料理的自助式早餐和免費自行車出租服務也大受好評。

S 5500円～
T 9900円～

MAP 46D-2

📞 088-873-3333
🕐 IN15:00、OUT10:00
🏠 高知市廿代町16-8
🅿 1晚800円

屋頂上有男用露天浴池

屋頂露天浴池 療癒身心

西鐵INN 高知播磨屋橋
●にしてつINこうちはりまやばし

土佐電交通播磨屋橋電車站即到

建於觀光名勝「播磨屋橋」旁，眼前就是路面電車路線交錯的「鑽石型交流道」。重新整修後可享用早餐自助百匯。

S 7000円～
T 12000円～

MAP 46E-3

📞 088-875-5454
🕐 IN15:00、OUT10:00
🏠 高知市はりまや町1-1-3
🅿 1晚900円

準備了鰹魚半敲燒等約50種鄉土料理和日式、西式餐點

使用豐富高知食材的早餐

高知里士滿飯店
●リッチモンドホテルこうち

土佐電交通蓮池町通電車站步行4分

前往播磨屋橋、高知城、弘人市場等主要觀光景點都很方便，最適合當旅行據點。單人房全都設置雙人床。

S 5700円～
T 9200円～

MAP 46E-2

📞 088-820-1122
🕐 IN14:00、OUT11:00
🏠 高知市帶屋町1-9-4
🅿 1晚800円

設有雙人床的單人房

建於高知市中心部

這裡也很令人好奇！ 高知市的個性派旅宿

JR高知站步行10分

Life Style Hotel ichi
●ライフスタイルホテルイチ

1日限定1組的包棟旅宿。客房的器皿、家具、雜貨都是精選高知著名的創作家作品。有喜歡的東西也可在客房裡的「良心市」購買。

📞 088-819-1355 MAP 49B-2
🕐 IN15:00、OUT10:00 🏠 高知市愛宕町2-19-1

純住宿 4200円～

1樓的沙龍空間

與創作家產生聯繫的新感覺旅宿

土佐電交通菜園場町電車站步行3分

TOMARIGI HOSTEL
●トマリギホステル

2樓有寬敞的共用宿舍，別館「町之別邸 緝shu」也有1天限定1組的附廚房客房。1樓是入口大廳，可享用當地食材和飲料。

📞 080-2979-4212 MAP 49C-2
🕐 IN16:00、OUT10:00 🏠 高知市桜井町1-2-20

純住宿 3800円～

咖啡廳酒吧是當地人和觀光客交流的場所

融入菜園場商店街的青年旅宿

JR高知站搭計程車10分

麓之別邸 蓮見 −HASUMI−
●ふもとのべっていはすみ

距離高知縣立牧野植物園最近的包棟旅宿。裡面有兩間連通的和室、時尚的餐廳和復古的浴池等。可享受彷彿在日本生活的住宿樂趣。

📞 080-2979-4212 MAP 49C-2
🕐 IN16:00、OUT10:00 🏠 高知縣高知市吸江110-6

純住宿 19800円～

設備完善的用餐空間。也非常適合辦公度假

有如在日本生活般的包棟旅宿

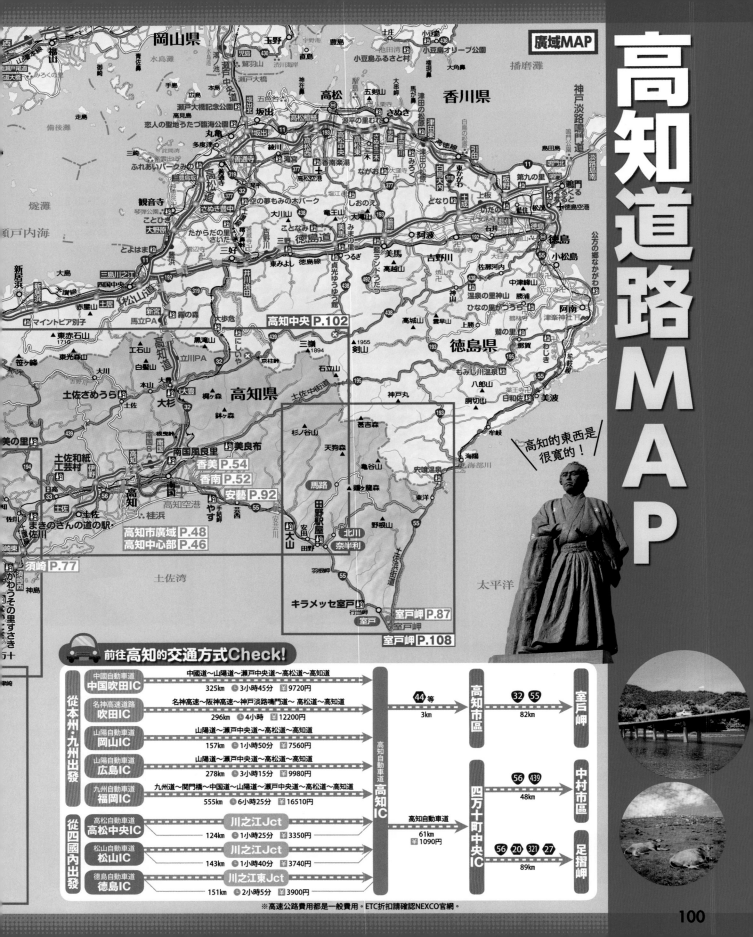

高知道路MAP

岡山県　玉野　香川県　神戸淡路鳴門道

瀬戸内海　播磨灘

高松　さぬき

坂出　丸亀　観音寺　鳴門　徳島

松山道　三好　徳島道

高知中央 P.102

高知県　徳島県　剣山

大杉　美良布

香美 P.54
香南 P.52
安藝 P.92

高知市廣域 P.48
高知中心部 P.46

須崎 P.77

土佐湾　太平洋

高知的東西是很寬的！

室戸岬 P.87
室戸岬 P.108

キラメッセ室戸

前往高知的交通方式Check!

從本州・九州出發							
中國自動車道 中國吹田IC	中國道～山陽道～瀬戸中央道～高松道～高知道 325km ◷3小時45分 ¥9720円		高知自動車道 高知IC		高知市區	44 等 3km	室戸岬 32 55 82km
名神高速道路 吹田IC	名神高速～阪神高速～神戸淡路鳴門道～高松道～高知道 296km ◷4小時 ¥12200円						
山陽自動車道 岡山IC	山陽道～瀬戸中央道～高松道～高知道 157km ◷1小時50分 ¥7560円						
山陽自動車道 広島IC	山陽道～瀬戸中央道～高松道～高知道 278km ◷3小時15分 ¥9980円						
九州自動車道 福岡IC	九州道～関門橋～中國道～山陽道～瀬戸中央道～高松道～高知道 555km ◷6小時25分 ¥16510円				四萬十町中央IC	高知自動車道 61km ¥1090円	中村市區 56 439 48km
從四國內出發							足摺岬 56 20 321 27 89km
高松自動車道 高松中央IC	川之江Jct 124km ◷1小時25分 ¥3350円						
松山自動車道 松山IC	川之江Jct 143km ◷1小時40分 ¥3740円						
徳島自動車道 徳島IC	川之江東Jct 151km ◷2小時5分 ¥3900円						

※高速公路費用都是一般費用。ETC折扣請確認NEXCO官網。

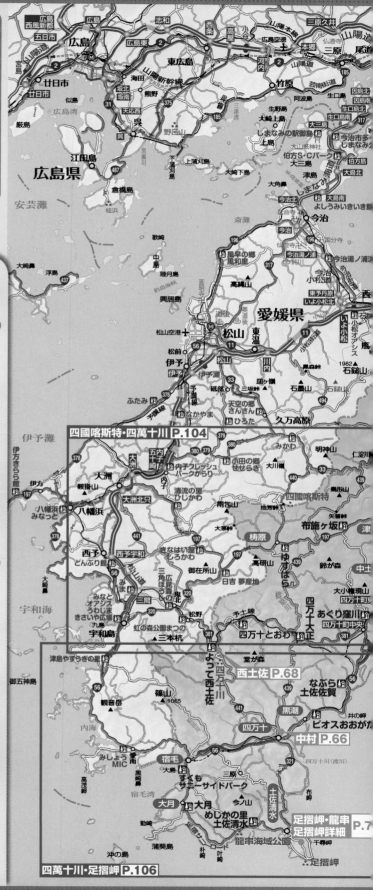

範例

●景點 ●玩樂 ●美食 ●咖啡廳 卍 四國八十八札所
●購物 ●溫泉 ●住宿 ●活動・祭典 ⒮ 公路休息站

○ 都道府縣廳
◎ 市公所
○ 町村公所・政令市區公所
♨ 溫泉
卅 神社
卍 寺院
⚐ 瞭望所
⚐ 滑雪場
⚑ 海水浴場
✿ 賞櫻、紅葉名勝
∴ 景點
◦ 紀念物

詳細地圖頁數
| 高知中央 P.102 | 香南 P.52 |

高速、收費道路

國道 32

都道府縣道

其他道路

拱廊道

新幹線

JR線

私鐵線

航路

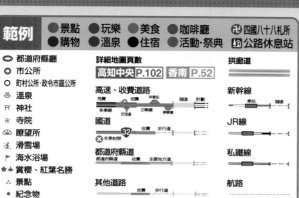

兜風實用導覽

高知自動車道的SA

南国SA（上行）

●なんごく

有使用新鮮當地產食材、被譽為夢幻和牛「土佐赤牛」餐點的餐廳。還有許多當地才有的伴手禮，首推限定在此販售的「SWEET地瓜大福」。

MAP 48D-1

SHOP DATA

商店	7:00～22:00
餐廳	11:00～21:00(LO20:30)
輕食	7:00～22:00

SWEET地瓜大福 1個190円

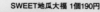

南国SA（下行）

●なんごく

四國4縣的伴手禮都有販售，推薦南國名產炸地瓜和鹽味奶油大福。安藝市的當地美食「魩仔魚丼」非吃不可！

MAP 48D-1

SHOP DATA

| 商店 | 6:00～21:00 |
| 輕食 | 6:00～21:00 |

中日蕎麥麵和魩仔魚丼套餐 1050円

※營業時間標示為開店到關店。

四國喀斯特

位於愛媛和高知縣境，海拔1000m到1500m的高原度假勝地，是日本三大喀斯特之一

須崎

說到須崎的名產就是鍋燒拉麵，源自外送時為了不讓餐點冷掉，會放在鍋裡

久禮大正町市場

因鰹魚一本釣而聞名的中土佐町久禮的廚房。可享用早上捕獲的海產和漁夫美食。

東温　安靜的蕎山脊路　大豊IC
494
吾川郡いの町
いの町市街
池川茶園工房Cafe▶ P.18
中津山（明神山）1541
吾川郡仁淀川町
439
P.17 中津溪谷
茶農家的店あすなろ P.18
中津溪谷湯之森 P.97
高岡郡越知町
仁淀川
33
佐川町
P.14 佐川町町歩行MAP

上浮穴郡久万高原町
33

繁星降下的村莊 TENGU P.81
海拔高的寧靜山頂 カルスト珈琲 P.80
KARST TERRACE P.80
四國喀斯特 P.80

440
高岡郡津野町
不入山 1336
Forest Adventure高知 P.80
布施ヶ坂
439
197 橋原街道
千年的美湯 そうだ山温泉 和 YAWARAGI▶
須崎プリンスホテル
須崎市須崎中央
56 高知自動車道
須崎東
賞櫻名勝 494
土佐市

Marche Yusuhara P.97
まちの駅ゆすはら P.82
四國喀斯特的連山美不勝收
令人心曠神怡的蜿蜒道路，可以看見雲海

YOU FARM P.82
高知県

雲之上圖書館（橋原町立圖書館）P.82
沿著美麗的河川行駛
到處都是狹窄的道路
遠眺四萬十川行駛
P.109 道の駅 かわうその里すさき
P.72 多田水産 須崎道の駅店
P.77 ショップたけざき須崎本店
須崎西
須崎 P.77
竹虎 P.77
鄰近海興斷崖的道路 P.78
久禮大正町市場 P.78

高岡郡中土佐町
中土佐
焼坂休息處
蜿蜒的坡道

眼前的山的另一面可看到海、紅葉美不勝收
久礼坂
56
蜿蜒的道路注意落石
四萬十町東
久禮灣的不倒翁日出雙名島、故鄉灣等處說不定可以看到！？
黒潮本陣 P.96
黒潮工房 P.72
公路休息站 なかとさ P.109
土佐湾

三嶋神社
農家民宿ちょうの樹
舊掛橋 和泉邸
志士的墳墓
橋原千百年物語資料館
脱藩之道 P.82 漫歩

381
故鄉交流中心 P.63
大又山
高岡郡四万十町
當地美食「四萬十豬肉蕎麥街道」
P.109 休息站 あぐり窪川
P.22・63 四萬小火車
鐵道HOBBY列車
P.22・63 海洋堂HOBBY列車
滿載河童號
P.69 淳
くぼかわ
P.69 うなきち
Duroc Farm
加工直銷處 P.69
こっこらんど P.69
SKYHILL GLAMPING P.69

四萬十川 P.69
無手無冠
地酒屋
四万十大正
四萬十町中央
四萬十町西

有末鋪設的道路，道路狹窄
道路狹窄，需留意！
四萬十和田園風景很漂亮
與四萬十川並行快速道路
岩本寺 P.95
381
56
五在所ノ峯
快速道路
穿過隧道就可看到眼前一片美麗海岸的景色
不斷有小小的彎道，通往美麗的連綿道路
美麗白沙青松的海岸東西長3km。最適合做海水浴
439
四萬十市
沿著美麗清流行駛
なかむら
黒潮町市街

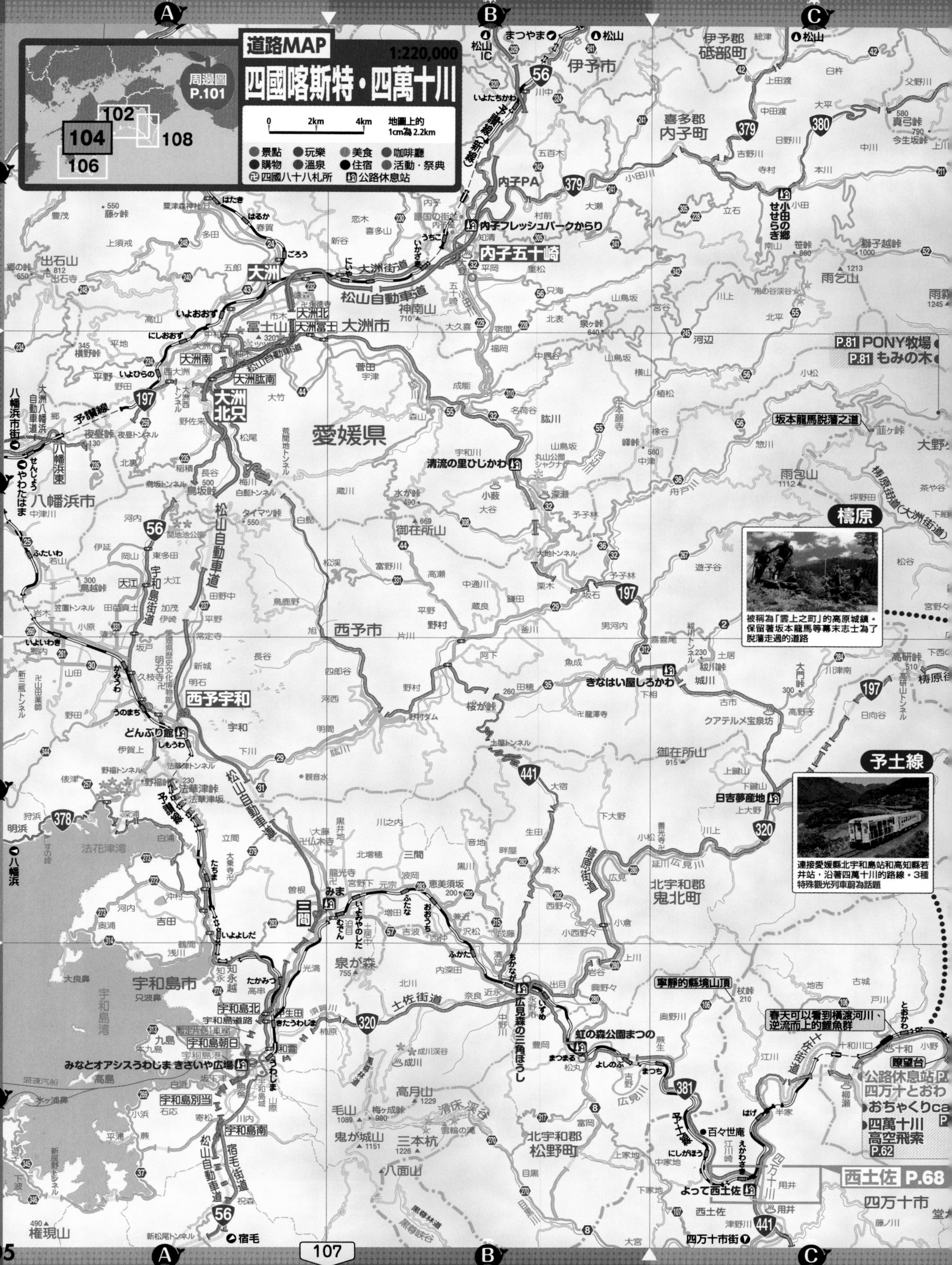

四國喀斯特・四萬十川

道路ＭＡＰ
四國喀斯特・四萬十川
1:220,000
周邊圖 P.101

102		
104	108	
106		

0　2km　4km　地圖上的 1cm為2.2km

● 景點　● 玩樂　● 美食　● 咖啡廳
● 購物　● 溫泉　● 住宿　● 活動・祭典
卍 四國八十八札所　🅟 公路休息站

愛媛縣

大洲　大洲市　大洲街道　松山自動車道

八幡浜市　西予市　西予宇和　宇和島市　宇和島　松野町　北宇和郡鬼北町

內子五十崎　內子PA　內子フレッシュパークからり

伊予市　伊予郡砥部町　喜多郡內子町

松山IC　まつやま　松山

清流の里ひじかわ　きなはい屋しろかわ

P.81 PONY牧場
P.81 もみの木

坂本龍馬脱藩之道

橋原
被稱為「雲上之町」的高原城鎮・保留著坂本龍馬等幕末志士為了脱藩走過的道路

予土線
連接愛媛縣北宇和島站和高知縣若井站、沿著四萬十川的路線・3種特殊觀光列車蔚為話題

日吉夢產地

寧靜的縣境山頂

春天可以看到橫渡河川、逆流而上的鯉魚群

公路休息站
四万十とおわ
おちゃくりca
四萬十川高空飛索 P.62

西土佐 P.68
四万十市

虹の森公園まつの　よしのぶ　まつち

百々世庵　よって西土佐　西土佐　四万十市街

みなとオアシスうわじまきさいや廣場

どんぶり館　三間

宿毛

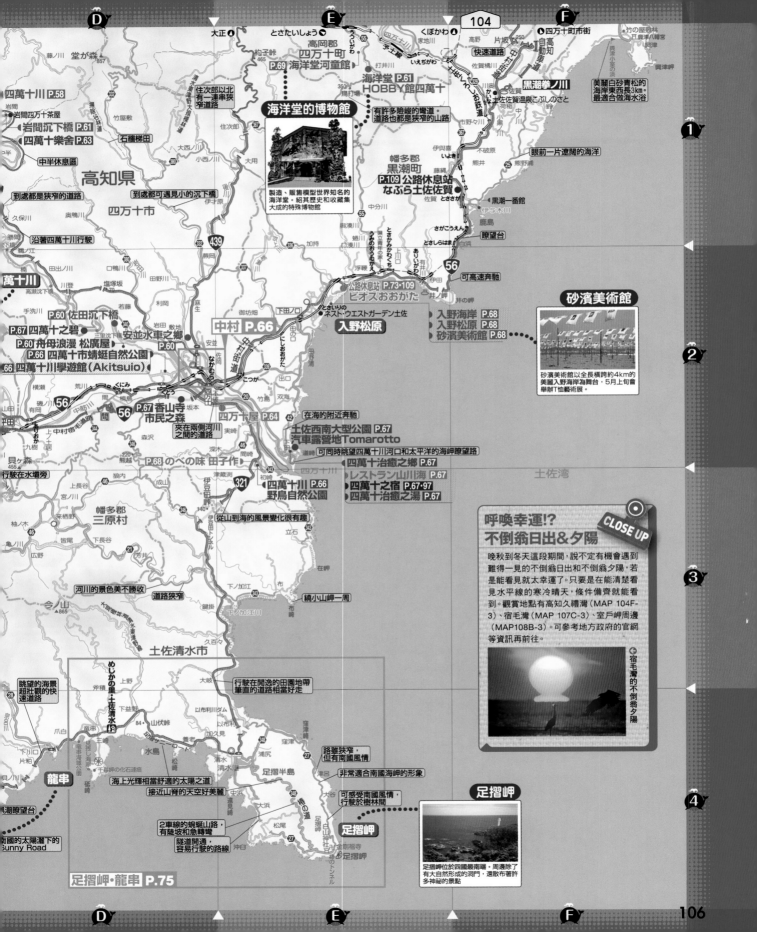

海洋堂的博物館
製造、販售模型世界知名的海洋堂。紹其歷史和收藏集大成的特殊博物館。

砂濱美術館
砂濱美術館以全長橫跨約4km的美麗入野海岸為舞台，5月上旬會舉辦T恤藝術展。

CLOSE UP
呼喚幸運!?
不倒翁日出&夕陽
晚秋到冬天這段期間，說不定有機會遇到難得一見的不倒翁日出和不倒翁夕陽，若是能看見就太幸運了。只要是在能清楚看見水平線的寒冷晴天，條件備齊就能看到。觀賞地點有高知久禮灣（MAP 104F-3）、宿毛灣（MAP 107C-3）、室戶岬周邊（MAP108B-3）。可參考地方政府的官網等資訊再前往。
宿毛灣的不倒翁夕陽

足摺岬
足摺岬位於四國最南端。周邊除了有大自然形成的洞門，還散布著許多神祕的景點

足摺岬・龍串 P.75

高知道路MAP

四萬十川・足摺岬

A **B** **C**

黒島

権現山
490▲
北灘

松山自動車道
松山自動車道
宇和島市街

津島高田
津島やすらぎの里
南レクハプニングランド
サンパール
津島ブレーランド

北宇和郡
松野町
行駛在美麗的溪谷之間

下家地
松野

西土佐
津野町

沿著河川的山路
藪ヶ市

宇和島市

岩渕
山財ダム

想在紅葉季來訪
P.58 黒尊溪谷紅葉

行駛在美麗的河邊

竹ヶ島

津島岩松

津島
増穂

横川
大黒山
1106

奥屋内
森のコテージ

黒尊川是四萬十川的支流，有一整片美麗的景觀

下畑地

津島町嵐
針木
柿之浦

緑滝

一畑地
緑滝

P.76 出井風穴
沿著河川行駛

玖木山林道

四萬十川

成
平井
外海

観音岳
▲783

宿毛街道

愛媛県

坂本ダム

被視為「日本最後的清流」而聞名，架有沉下橋的風景令來訪的人為之著迷，也有許多戶外活動景點

塩子島

可享受隨著風景、道路產生的變化

行駛於河邊

須ノ川公園

有上下起伏的道路
56

南宇和郡
愛南町

豪邁地貫穿山中的快速道路

宿毛市

内海

御荘

有上下起伏的蜿蜒道路

P.95 延光寺
四國39

みしょうMIC
34

山脊上的舒適道路

交通量少的快速道路

P.76 宿毛町之驛林邸

土佐くろしお鉄道

白皇山

交通量但汽車

権現山
▲491

すくも
ひがしすくも
ホテルアバン宿毛

行駛於狹窄斷崖的高茂岬周回路海景非常美麗

高茂岬

1.5車道路線

P.76 咸陽島公園
P.96 宿毛度假飯店 椰子之湯

すくも サニーサイドパーク

面海的公路休息站。11～2月說不定可以看到著名的不倒翁夕陽

鼻面沖

宿毛湾

宿毛灣的不倒翁夕陽
公路休息站すくも、大島等處可能可以看到!?

自遊学校

速度偏快的快速道路
321

小筑紫

宿毛市

邊眺望海洋邊行駛

幡多郡
大月町

大月

雖不寬敞但容易行駛

道路MAP 1:220,000

四萬十川・足摺岬

0 2km 4km 地圖上的1cm為2.2km

● 景點 ● 玩樂 ● 美食 ● 咖啡廳
● 購物 ● 溫泉 ● 住宿 ● 活動・祭典
卍 四國八十八札所 ● 公路休息站

周邊圖 P.101

102
104   108
106

穿過隧道眼前就是一整片遠闊的海景
柏島

南國樹林環繞潛水和釣魚的聖地

P.76 柏島

大堂海岸 P.76
P.76 大月ECOLOGY 露營場
ホテルベルリーフ大月

龍串

宿毛市

姫島

沖之島 P.76
沖の島石垣集落

蒲葵島

太平洋

沖の島石垣集落

快速道路要注意行車速度

位於足摺岬西側的龍串海域公園，可以看到大自然形成的地形美。搭乘玻璃底遊艇的海中散步也很有人氣

那賀

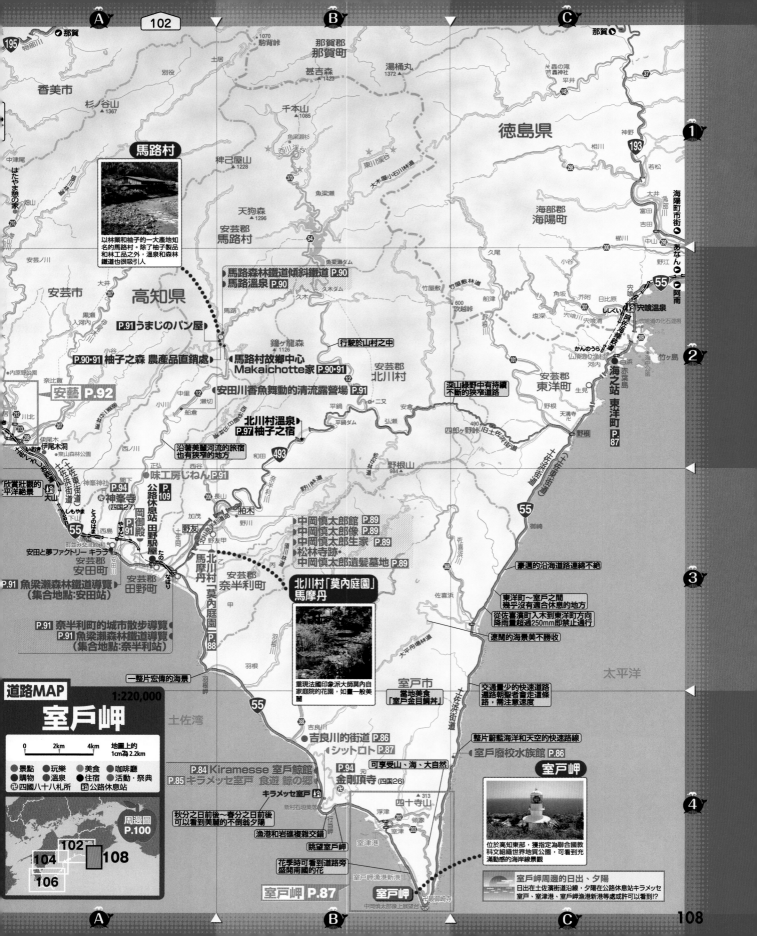

195
物部川

香美市

杉ノ谷山
▲1367

中津尾

はたやま憩の家

安芸ノ川

安芸市

高知県

小谷
大井
入河内
黒瀬
内ノ谷公園

安藝 P.92

川比

欣賞壯觀的
平洋絕景
大山

しもやま
とうのはま
55
安田のみ交流館
安田と夢ファクトリー キラメ
安田町

P.91 魚梁瀨森林鐵道導覽
（集合地點：安田站）

P.91 奈半利町的城市散步導覽
P.91 魚梁瀨森林鐵道導覽
（集合地點：奈半利站）

那賀郡
那賀町

駒背峠

土居
別役

甚吉森
▲1423

千本山
▲1085

魚梁瀨杉

神己屋山
▲1228

天狗森
▲1296

安芸郡
馬路村

鐘ヶ龍森
▲1126

小川

中里

船倉

味工房じねん P.91

公路休息站 P.109
田野駅屋 P
岡御殿
やすだ P.91
馬路森林鐵道導覽
野友
北川村
「莫內庭園」

安芸郡
田野町

安芸郡
奈半利町

一整片宏偉的海景

55

土佐湾

馬路村

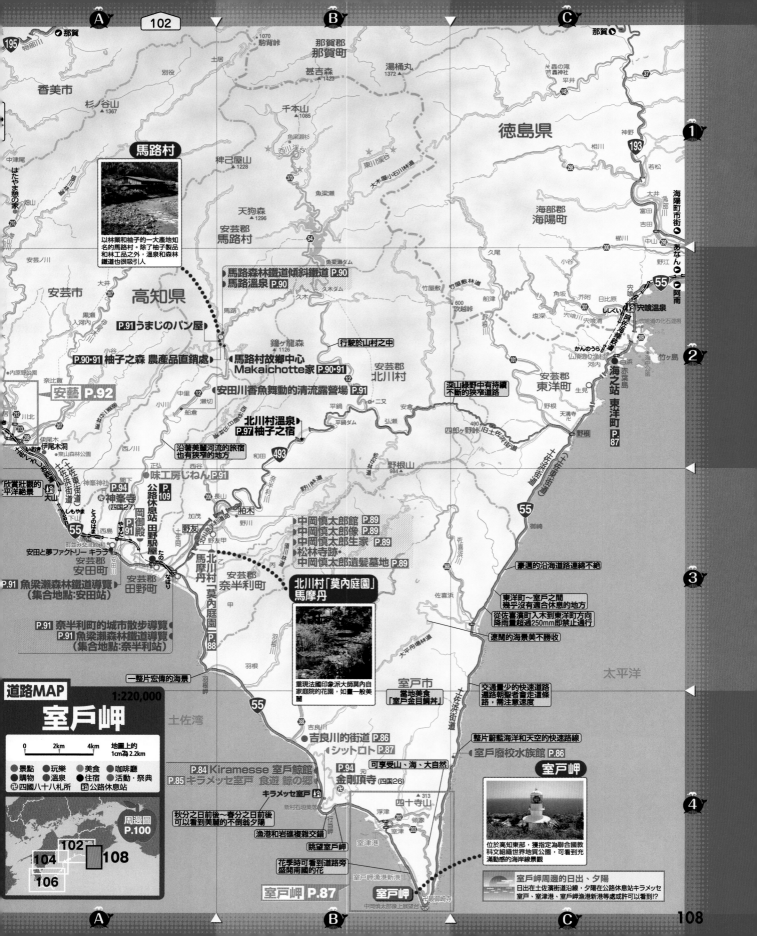

以林業和柚子的一大產地知
名的馬路村。除了柚子製品
和林工品之外，溫泉和森林
鐵道也很吸引人

● 馬路森林鐵道傾斜鐵道 P.90
● 馬路溫泉 P.90

P.91 うまじのパン屋

P.90·91 柚子之森 農產品直銷處 ▶

● 馬路村故鄉中心
Makaichotte家 P.90·91

安田川香魚舞動的清流露營場 P.91

北川村溫泉
P.97 柚子之宿

493

沿著美麗河流的旅宿
也有狹窄的地方

行駛於山村之中

安芸郡
北川村

湯桶丸
▲1372

徳島県

海部郡
海陽町

久尾

竹屋敷

久木

安倉

弘瀬

平鍋

二又

野川林道

奈半利林道

● 中岡慎太郎館 P.89
● 中岡慎太郎像 P.89
● 中岡慎太郎生家 P.89
● 松林寺跡
● 中岡慎太郎遺髮墓地 P.89

北川村「莫內庭園」
馬摩丹

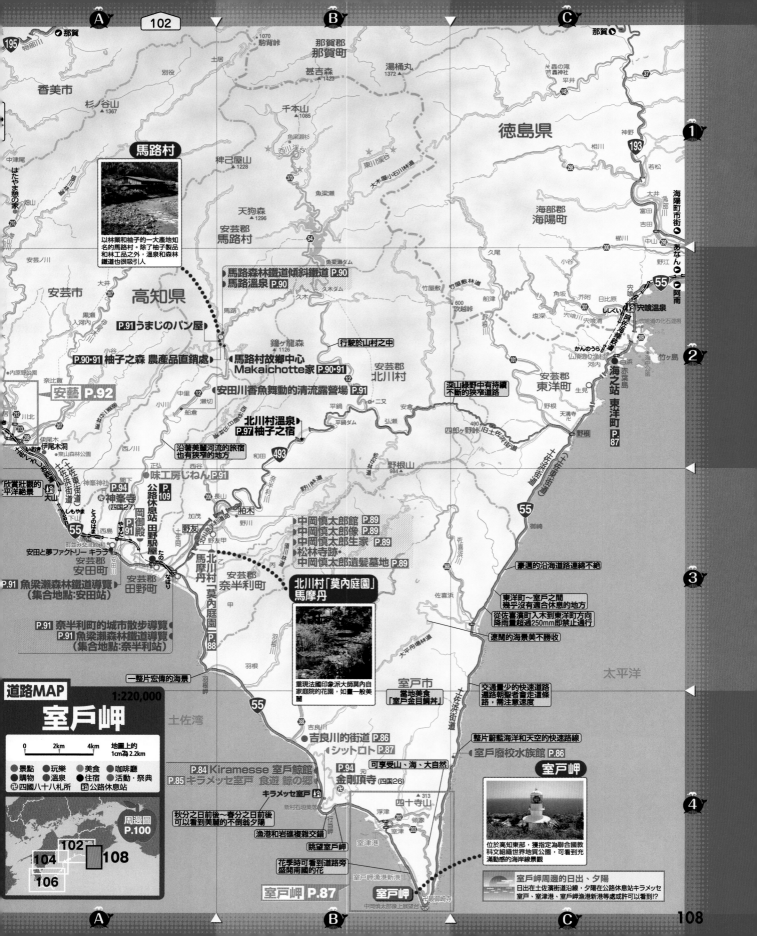

重現法國印象派大師莫內自
家庭院的花園，如畫一般美
麗

深山棧野中有待續
不斷的狹窄道路

平鍋ダム

野根山
▲984

室戸市

當地美食
「室戸金目鯛丼」

神野
193

相川
若松

海陽町市街
あなん

大井

富田
吉田

櫛川

宍喰

宍喰温泉

白浜
赤葉島

海之站
東洋町
P.87

55

豪邁的沿海道路連綿不絕

東洋町～室戸之間
幾乎沒有適合休息的地方

從佐喜濱町入木到東洋町方向
降雨量超過250mm即禁止通行

遠闊的海景美不勝收

交通量少的快速道路
遍路朝聖者會走道條
路，需注意速度

整片蔚藍海洋和天空的快速路線

室戸廢校水族館 P.86

太平洋

1
2
3
4

海部郡
海陽町

仏海造化漁港
かんのうら

竹ヶ島

角坂
塩深

吹越峠

那賀

室戸岬

1:220,000

0　2km　4km　地圖上的
1cm為2.2km

● 景點　● 玩樂　● 美食　● 咖啡廳
● 購物　● 溫泉　● 住宿　● 活動·祭典
㊙ 四國八十八札所　⑯ 公路休息站

周邊圖
P.100

104　102　108
106

秋分之日前後～春分之日前後
可以看到美麗的不倒翁夕陽

漁港和岩礁複雜交錯

眺望室戸岬

花季時可看到道路旁
盛開的南國的花

室戸岬 P.87

P.84 Kiramesse 室戸鯨館
P.85 キラメッセ室戸 食遊 鯨の郷
キラメッセ室戸

新村右碆燈台

吉良川的街道 P.86
● シットロト P.87

可享受山、海、大自然

P.94 金剛頂寺（四国26）

四十寺山
▲313

野津

室戸岬漁港新港

室戸岬

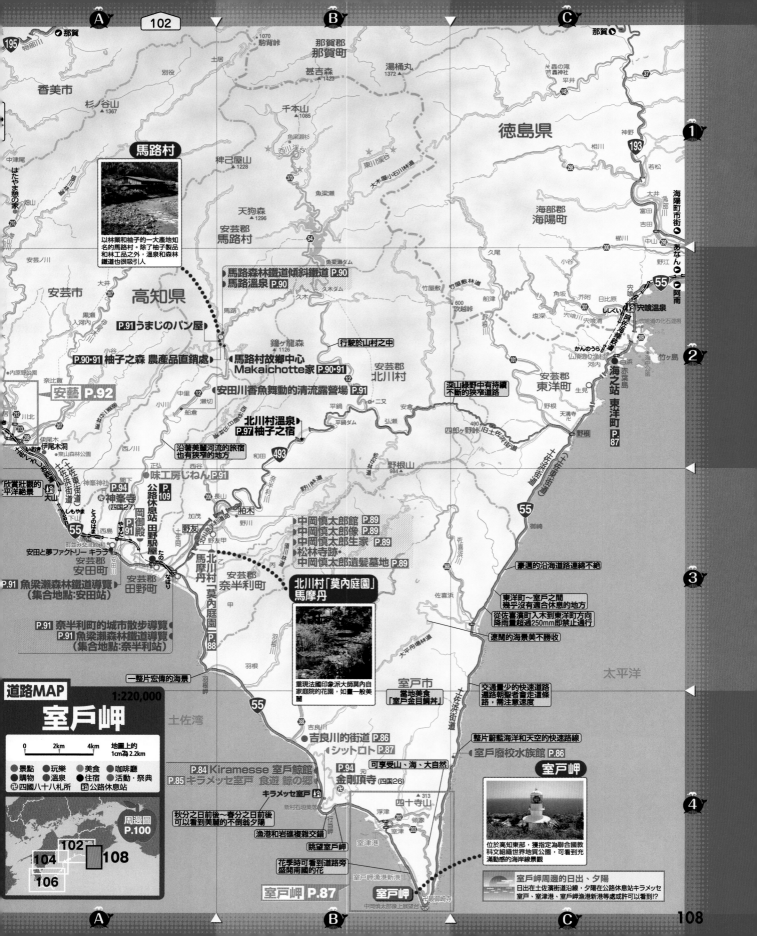

位於高知東部，獲指定為聯合國教
科文組織世界地質公園，可看到充
滿動感的海岸線景觀

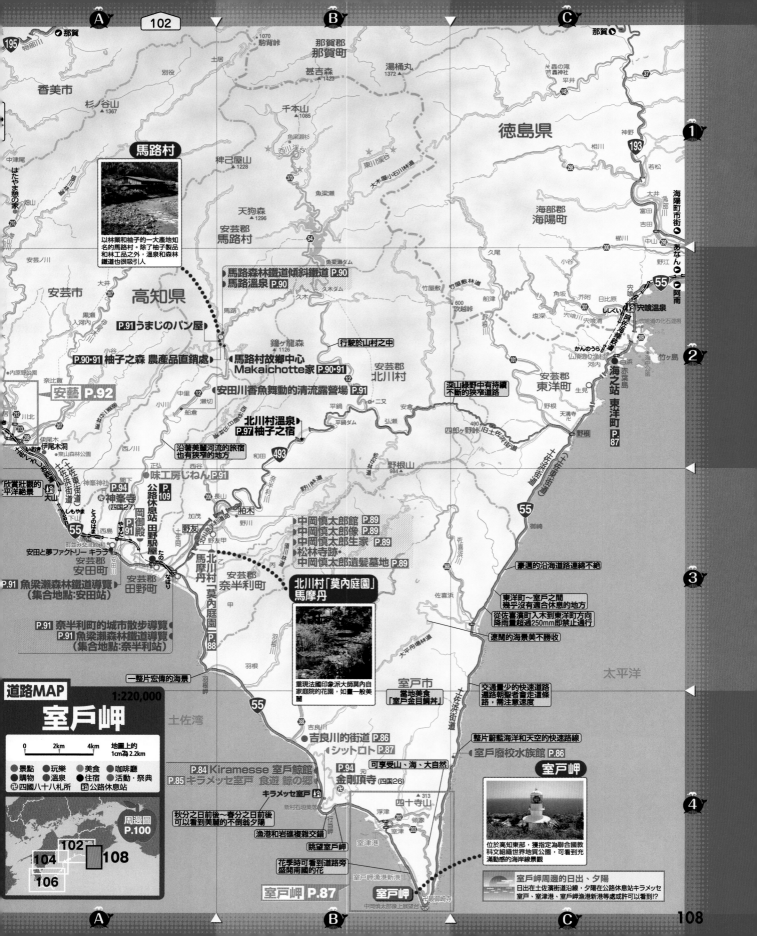

室戸岬周邊的日出、夕陽
日出在土佐濱街道沿線，夕陽在公路休息站キラメッセ
室戸、室戸港、室戸岬漁港新港等處或許可以看到!?

中岡慎太郎像上展望台

→黑糖霜淇淋 350円

盡情享用鰹魚料理！

這裡也要 check!
- 公路休息站 やす →P.52
- 土佐和紙工藝村QRAUD →P.19
- 公路休息站 四万十とおわ →P.61
- 公路休息站 めじかの里・土佐清水 →P.71
- まちの駅 ゆすはら →P.82
- Kiramesse室戸鯨館 →P.84

公路休息站 推薦

---

56 公路休息站 かわうその里すさき

須崎市 ★みちのえきかわうそのさとすさき

☎0889-40-0004　**MAP** 104F-3

公路休息站1樓的商店有地產的農產物、海產物、土佐地酒等商品。著名的鍋燒拉麵也別錯過。會現場表演販售的鰹魚稻草半敲燒也大獲好評。

🕘9:00〜17:30
休無休
所須崎市下分甲263-3
🚗須崎西IC開車即到
P106輛

餐廳
🕘11:00〜17:00

公路休息站的水獺吉祥物「須崎丸君」

→土佐的烤鰹魚肚 750円〜

---

56 公路休息站 ビオスおおがた

黑潮町 ★みちのえきビオスおおがた

☎0880-43-3113　→宗田節拉麵950円
MAP 106E-2

可眺望風景勝地入野松原的公路休息站。物產館可享用添加天日鹽和宗田節柴魚的「宗田節拉麵」，以及鋪滿滿當地魛仔魚的魛仔魚丼。

🕘直銷處7:00〜17:00　休不定休　所黑潮町浮鞭953-1
🚗黑潮拳ノ川IC車程22km　P28輛

餐廳
🕘8:00〜16:30

---

56 公路休息站 なぶら土佐佐賀

黑潮町 ★みちのえきなぶらとささが

☎0880-55-3325　　**MAP** 106F-1

充滿鰹魚之町的魅力，可暢享各種鰹魚料理的公路休息站。除了有實際示範鰹魚稻草半敲燒的區域之外，也可購買黑潮町產的蔬果。

→半敲燒定食（鹽味、醬汁）各950円

🕘8:00〜18:00（外帶為9:00〜）
休不定休
所黑潮町佐賀1350
🚗黑潮拳ノ川IC車程8km　P62輛

餐廳
🕘9:00〜15:00（週六日、假日為〜18:00）

---

25 公路休息站 なかとさ

中土佐町 ★みちのえきなかとさ

☎0889-59-9090　**MAP** 104F-3

可在產地直銷所購買每天早上從眼前港口進貨的當季漁獲，還能品嘗海鮮BBQ。另外附設以草莓甜點自豪的咖啡廳。

海味、山產大集合！

↑漁夫常客定食 1485円

→戶外設有長椅

🕘9:00〜17:00　休不定休（視店舖而異）、餐廳為週二（逢假日則翌日休）
所中土佐町久礼8645-2　🚗中土佐IC車程3km　P72輛

餐廳
🕘10:00〜15:00（視時期而異）

---

32 公路休息站 南国風良里

南国市 ★みちのえきなんこくふらり

☎088-880-8112　**MAP** 102D-3

離南国IC很近，適合來此蒐集旅遊資訊。直銷處有豐富的當地農產品，也可以買到據說坂本龍馬特別喜愛的軍雞肉。

🕘9:00〜18:00（直銷處為8:30〜17:00）
休奇數月的1次週二
所南国市左右山102-1
🚗南国川IC開車即到
P141輛

陳列土佐的清酒甜點和海產

有許多高知特產品

餐廳
🕘9:00〜15:30（週六日、假日為〜16:30）

---

55 公路休息站 田野駅屋

田野町 ★みちのえきたのえき〜や

☎0887-32-1077　　**MAP** 108A-3

魚漿天婦羅裹土佐次郎雞蛋滑蛋的「魚漿丼」為招牌餐點。也要品嘗看看使用田屋鹽天日鹽的冰淇淋

四國最小城市的公路休息站

🕘7:30〜17:30
休無休
所田野町1431-1
🚗土佐黑潮鐵道田野站即到　P32輛

餐廳
🕘10:30〜15:30

→魚漿丼850円

→番薯乾1袋 300円

---

56 公路休息站 あぐり窪川

四万十町 ★みちのえきあぐりくぼかわ

☎0880-22-8848　**MAP** 104E-4

匯集使用四萬十町產蔬菜、仁井田米、四萬十豬肉的加工品等許多四萬十自豪的美味。特製「餡料滿滿豬肉包」有滿滿的肉汁，務必一嘗。

↑倉庫風格建築很醒目

四萬十美食總動員！

→餡料滿滿豬肉包（2個裝）460円

🕘8:30〜18:00　休奇數月的第3週三、3月為最後一天（餐廳為週三）
所四万十町平串284-1　🚗四万十町中央IC開車即到　P93輛

餐廳
🕘8:00〜15:30

🚗道路資訊　🛏住宿設施　♨浴池　♨温泉　🍴餐廳　🛒商店　🚲自行車出租　■有　■無

【 MM 哈日情報誌系列 44 】

高知 四萬十 足摺·室戶

作者／MAPPLE昭文社編輯部
協力／高知縣
翻譯／林琬清
編輯／林庭安
發行人／周元白
出版者／人人出版股份有限公司
地址／231028 新北市新店區寶橋路235巷6弄6號7樓
電話／(02)2918-3366(代表號)
傳真／(02)2914-0000
網址／www.jjp.com.tw
郵政劃撥帳號／16402311 人人出版股份有限公司
製版印刷／長城製版印刷股份有限公司
電話／(02)2918-3366(代表號)
香港經銷商／一代匯集
電話／(852)2783-8102
第一版第一刷／2025年2月
定價／新台幣360元
　　　港幣120元

國家圖書館出版品預行編目(CIP)資料

高知 四萬十 足摺·室戶／MAPPLE昭文社編輯
部作；林琬清翻譯. -- 第一版.--
新北市：人人出版股份有限公司, 2025.02
面；　公分. -- (哈日情報誌；44)
ISBN 978-986-461-424-0 (平裝)

1.CST：旅遊　2.CST：日本高知縣

731.74809　　　　　　　　113019747

Mapple magazine Kochi まっぷるマガジン高知
Copyright © Shobunsha Publications, Inc. 2025
All rights reserved.
First original Japanese edition published by
Shobunsha Publications, Inc. Japan
Chinese (in traditional characters only) translation
rights arranged with Jen Jen Publishing Co.,Ltd.
through CREEK & RIVER Co., Ltd.

●版權所有·翻印必究●